ドラゴン桜で学ぶ

伸びる子供の育て方

川本雄介

企画 西岡壱誠

JN030398

星海社

285

SEIKAISHA SHINSHO

はじめに

偏差値35から東大に合格したリアルドラゴン桜・西岡壱誠より

この本を手に取った方は、子供を育てている親御さんや、生徒に指導をしている学校の先生・塾の先生が多いと思います。

そんな、今まさに目の前の子供や生徒に対応しているみなさんに質問なのですが、みなさんの向き合っている子供・生徒は、成績が上がるタイプでしょうか？

それともそんなことはないでしょうか？

「この子は吸収が速いから、きっと伸びるだろうな」
「この子は、反応も薄いし、伸びないかもしれないな」

多くの人たちは、多かれ少なかれ、そんな風に頭の中で判断を下していることと思います。

でも、その「伸びる子・伸びない子」の物差しって、本当でしょうか？

みなさんが、「この子は成績が伸びないかもしれない」と考えているような子供・生徒の中には、もしかしたら「実はとんでもない才能を秘めている子」がいるかもしれません。周りの大人が気づいていないだけで、**勝手なバイアスで「この子は勉強に向いていない」と決めつけられてしまっている子は、実は多いかもしれない**のです。

大人の勝手な決めつけは、子供に影響します。親や先生から「この子は勉強ができない」と決めつけられた子は、本人も「勉強ができない」と思い込んでしまいます。そうすると、子供の成績はやはり、下がっていってしまうのです。

本当は、目の前にいる子は、伸びるタイプかもしれません。
みなさんが欠点だと思っているポイントは、本当は成績が伸びるサインなのかもしれません。

そのサインを、周りの大人が見逃してしまって、「この子は勉強ができない」と勝手に決めつけてしまい、結果として実際に伸び悩んでしまうケースがあるのです。

僕も、高校時代までは「この子は勉強ができない」と多くの大人に思われていた人間です。偏差値35で、学年ビリで、おバカな生徒でしかありませんでした。

その中で、僕の高校の音楽の先生は、「もしかしたらお前は、頑張ったら全然違う結果が得られるかもしれない」「東大（東京大学）に行け」と言ってくれて、今の僕がいます。

このように、周りの大人の目線が変わるだけで、子供の世界は大きく変わるのです。

このメカニズムに関して、落ちこぼれ高校生が東大を目指す漫画『ドラゴン桜』では、このように説明されています。

ん…
まあ昼メシどき
だからいいか…
なぜ前々から
予言したとおりに
水野と矢島の
学力は上昇
したのか
理由は
シンプル
俺が周囲に対して
しつこく
「二人の成績は
冬までに急上昇する」と
言ったからだ
え…

これを「予言の自己成就」と言う
予言の…
自己成就？
予言を繰り返し言うと…
言わないときよりも実現可能性がずっと高くなる

大抵《たいてい》の教師は生徒が入学して卒業するのをただ漠然と見送るだけで
一人一人の長所を見極めて期待をかけることもほとんどない
その点我々は違った
何度も成功を予言した「必ず成績が急上昇する」と
成功を予言…
でも…根拠がなければ
繰り返し予言しても実現するはずがないのでは…
そんな魔法みたいなことがうまくいくなら誰も苦労しないよ

井野《いの》先生…
栗山《くりやま》は東大合格西崎《にしざき》は無理と日ごろから周りに言っているだろ
そんなこと…
それも予言の一種
予言は言われた相手だけでなく言った本人にも影響を及ぼす
え…どういうこと
もっとストレートに言ってやろうか
素直な栗山は好きだけど生意気な西崎は嫌いだろ

ち…違うわよ
そんな差別は
してないわ
表面上は分《わ》け隔《へだ》てなく
接しているつもりでも
気持ちは必ず
行動に表れるもの
例えば栗山には
ちょこちょこ
声を掛けるが…
西崎には
たまにしか
声を掛けない
おかげで
熱心に教えられている
栗山の成績は
順調に伸びていき
反対に
適当に扱われている
西崎の成績は
頭打ちになってしまう

二人にかける期待の温度差がそのまま学力の伸びの差となって表れているんだ
どうだ思い当たるだろう
確かにそうかもしれない
ウチの生徒は端《はな》からダメだと決めてかかっていたから…
声を掛けるどころか気に掛けることもなかった
これじゃ生徒も頑張ろうという気になれなくて当然…
予言は単純で幼稚な魔法の言葉などではない
相手に対する気持ちが込められた本気の言葉なのだ

「お前たちは必ずできる…東大合格する」と
予言された生徒はそれを信じることで頑張り続けられ…
予言した教師もそれを実現すべく無意識に生徒を熱心に指導し…
そのおかげでますます生徒の学力は上がっていく
その結果最終的に予言が成就される…
つまり…予言をする方とされる方が両方ともそれを強く信じることで相互作用を起こし予言が的中するわけだ

『ドラゴン桜』18巻　158限目

いかがでしょうか？

この漫画の主人公・桜木先生の言う通り、**周りの大人の決めつけや、「この子は出来が悪くて」などのちょっとした言葉のせいで、生徒はやる気を失ってしまう**のです。

本書は、そんな状況を憂《うれ》いた僕が、「ある人」に執筆をお願いした結果、実現した企画です。

その人とは、石川県の学習塾「東大セミナー」の取締役である川本雄介《かわもとゆうすけ》氏です。東大セミナーは、小学校から高校までの生徒を教える塾で、小学校入学から高校卒業まで、学校の先生よりも長い時間生徒と向き合っています。その中でも川本先生は、毎年何百人もの生徒と向き合ってきた「現場のプロ」です。生徒の姿をよく観察し、「この子は、こういう良いところがある」という**長所を見つけて伸ばすことに関しては、日本で一番**だと言っていいと思います。

塾に通う際、親御さんや他の大人たちに、「この子は問題児だな」「この生徒は成績が伸びないだろう」と思われている生徒もいます。しかしそんな生徒に対して世間とは全く逆の見方をして、小学校・中学・高校と年月をかけてその子の良いところを伸ばして成績を大きく向上させ、塾を卒業する時には東大をはじめとする難関大合格まで導く、まさに『ドラゴン桜』のような教育をしているのがこの本の著者・川本さんです。

この塾では今、僕らも「ドラゴン桜コース」を開講して、川本先生たちとともに小中学生に向けて指導をさせていただいております。その中で川本先生と一緒に生徒たちの姿を観察し、見えてきたことも含めて、みなさんにシェアさせていただくのが本書です。

『ドラゴン桜』の漫画も使いながら、**「一見すると伸びないと思われている生徒が、実は大きくジャンプアップする可能性を秘めている理由」**を解説し、ひいては「生徒の良いところを見出し、伸ばす方法」について、川本先生からみなさんに解説していただこうと思います。

本書のノウハウが、みなさんのお子さん・生徒さんがより大きく飛躍できる一助になれば幸いです！

西岡壱誠《にしおかいっせい》

序文　**東大セミナー取締役・「ドラゴン桜コース」コース長・川本雄介より**

西岡壱誠さんからバトンタッチしまして、ここからは私・川本が語りたいと思います。

早速ですが、みなさんはどんな生徒が、成績を大きく伸ばすことができる生徒だと思いますか？

実は、『ドラゴン桜』の中で、桜木先生がこの質問に対してある回答をしています。**「頭の中が空っぽそうな生徒」**です。一見すると、「え？」と思ってしまいますよね。でも、きちんと理由があるのです。まずはこちらのシーンをご覧ください。

15歳で大工になって腕一本でここまできた
だから学歴なんていらねえと思ってる
ましてや東大なんて全然偉くないし息子を入れたいとも思ってねえ
こっちは高校でたらすぐに継いで欲しいくらいだ
でもよ…見てくれよこいつ……
だらしねえカッコしてフニャフニャで……情けねえ
高校って言ったたって何の変哲もねえとこ行ったら途中でやめちまうかもしれねえし……
どうしようもねえロクデナシになるかもしれねえ

ふざけんな
オヤジ！
うるせえ！
お前は黙ってろ
親の育て方が
悪いと言われれば
それまでだが…
この性根を
鍛え直してくれるなら
そういう学校に預けて
みようじゃないか
それで…
もし　オタクに
入学させれば
こいつでも本当に
東大に入れるのかい？

もちろん
100パーセント合格
します
100パーセントな
わけがないだろ
ハイそうですかって
いきなり
信用できるかよ
本校の
カリキュラムには
絶対の自信を
持っていますので
3年間 素直について
これたら東大に間違い
なく合格します
100パーセント
というのも
大げさじゃ
ありません
そしてもう一つ
大きな理由が
あります
それは…

息子さんの頭が見るからにからっぽそうだから

何だと
このヤロー！
言うに事欠いて
頭がからっぽだと？
いくら出来の悪い
息子だからって
許さねえぞ！
後、君は
山高等学校
明るく楽しい
学園
どう
したの？
何？
お…お父さん
落ち着いて
オヤジ…

おい取り消せ
じゃなきゃ校長に
どなり込みに行くぞ!
申し訳ありません
てめえじゃねえ
こいつだ!
桜木先生
早く謝罪を
頭がからっぽと
言ったのは
東大合格の
素質ありということ
最大の
ホメ言葉
なんですよ
んなワケ
あるか!
いい加減なこと
ぬかしやがったら
タダじゃおかねえぞ
ですから
それは……
東大がそういう
学生を求めている
からです

そういうって頭がからっぽということか？
そうです
そいつはおかしいだろ 東大ってのはモノをたくさん覚えてる奴が入るとこに決まってる
その常識が根本的に間違っているんです！
東大は知識がパンパンに詰まった辞書のような学生を欲してはいない
え…何？
面白そうね 聞きに行きましょう
あ…あの
いいですか… 東大が真に求めている学生とは……

山ほどの知識を記憶している学生ではなく…
色々な物事をその場その場で吸収するための手段を持っている学生です
吸収できる手段？
そうです
東大に入ればそのことがよくわかる
例えば東大の学期末の試験の多くは文献の持ち込みが可能
それは答えを記憶しているかではなく調べて見つける手段を持っているかを試験しているからです

東大にとって理想的な頭はブラックボックス
BLACK BOX
国現代史
憲法
統計学
中国経済の将来
統治行為論
中はからっぽでもそこに情報を通せば変形をさせて自分なりの意見を作り出す手段を持つ頭がいいということです
なるほど…
でもからっぽで吸収できるとは限らないんじゃ？
そうですだから吸収するための手段を身につけるのです
小さい頃から電車が好きで電車について色々と調べる癖のある子がいるとします

小学校へあがって
無農薬野菜に
ついて調べるように
言われた時……
電車を調べた時に
覚えた手段を
自然に応用できる
でしょう
繰り返し
色々なものを
調べているうちに
調べ方は洗練されて
いきます
一つの手段を
覚えて洗練させれば
いくらでも応用が
利きます
知識は忘れるもの
ならば頭の中は
からっぽでいい
できるだけたくさんの
洗練された手段を持ち
求めに応じて
色々と対応できる学生が
優秀で将来性があると
東大は考えている

だから物知りなフリをする子供よりもからっぽな子供のほうが指導しやすいし伸びる
本校のカリキュラムに従えば見事に変身させてみせます
そこまで言い切られると段々そうかもと思わなくもねえ
え……やだよ勉強すんの
ホントね……不思議と東大入れそうな気が……
ザワ
ザワ
ザワ
だったらウチのコだって……
あの……ウチのコはどうですの？
え……ママ……
そうですね

大丈夫……
合格します
え——
ホントですか？
ママァ…
それと……
君…
あと君…
そこの君も
君も
君も

やったあ！
うれしい東大よ！
ちょっと龍山さん……軽々しく東大合格保証するなんていい加減すぎる
そうだ誇大宣伝で問題になるぞ
いいえ……私はあくまで合格の素質ありと判断しているだけのこと
素質だと？
そうです私は成績を見なくても東大合格する素質があるかどうか見極めることができます
指摘した子にはみなある特徴がある！

『ドラゴン桜』11巻　96限目

この漫画で語られた通り、**頭が空っぽな子の方が、柔軟な発想をして、勉強する時に瞬発力を発揮する**ことがあります。多くの人が考えている「頭の良さそうな子供」の特徴とは、むしろ逆なのです。

私は、毎年何百人もの生徒に向き合っています。その中には、今はまだ全然勉強しておらず、成績が悪い子もいます。そういった生徒たちはまだ本格的に勉強に向き合っていないので、どんな子がこれから伸びるのかはなかなかわかりません。以前の私もそうでした。でも、そんな生徒たちの中でも、「あ、この子は伸びるぞ」という可能性が、長年の経験によって見分けられるようになっていったのです。

ポイントは**学力面以外の、生活面や精神面をしっかり観察し、その子の素質を見抜くこと**です。

伸びる子は、特徴を持っています。一見すると親や先生が「この子はどうせ、頑張っても成績が伸びないだろうな」と考えるような子でも、実はすごくその子の強みになる特質を持っているかもしれません。

ですが、昨今いろんなご家庭や学校にお邪魔してお話ししてみると、**本当はその子の**

強みになるはずのポイントを潰してしまうような指導がされている場合があります。これはとても残念なことです。その子の良いところを良いところとして見極め、伸ばしてあげないと、子供がかわいそうです。

また、生徒を教える人とその周囲でも、同じことが起こっています。

本当は結果の出る・効果の表れる指導をしているご家庭・学校現場・塾を見ていても、周囲がなんとなく「この方法って間違っているんじゃないか」と働きかけた結果、**せっかく効果の出る指導をしているのに、残念ながら途中でやめることになってしまうケース**もあるのです。

第1章では、「一見すると伸びないように見える特徴」が、実は成績を伸ばす大きな助けになるということを、ケースごとにみなさんにご紹介したいと思います。

第2章では、第1章でご紹介したような「一見伸びないように見える特徴」に対して、親御さんや先生はどのようなアプローチをすればよいかということをお話しさせていただきます。

そして第3章では、普段からそのような心がけを意識するための家庭の教訓「東大合格家庭の10カ条」を解説させていただきたいと思います。
本書を読めば、みなさん一人一人が、「子供の良いところ」をきちんと見抜き、そのポイントを伸ばすことができるようになるはずです。

川本雄介《かわもとゆうすけ》

目次

はじめに　偏差値35から東大に合格したリアルドラゴン桜・西岡壱誠より　3
序文　東大セミナー取締役・「ドラゴン桜コース」コース長・川本雄介より　15

第1章　「伸びる子供」意外な8の特徴　35

特徴1　筆箱をプレゼントされて怒った――独自のこだわりがある子　36
特徴2　「わからない」と言う――素直な子　44
特徴3　ズルをしてでも勝ちたい――負けず嫌いな子　53
特徴4　なかなか納得しない――「なぜ？」と考える子　63
特徴5　他人の評価を気にする――評価されるのが好きな子　79
特徴6　言い訳する――失敗の理由を深く分析できる子　87

特徴7 すぐ帰る——自分で時間を管理できる子 96
特徴8 試験中でもニヤニヤする——受験を楽しんでしまう子 105

第2章 伸びる子の親の6つの特徴 121

特徴1 子供に問いかける親 122
特徴2 答えを教えない親 132
特徴3 親子仲が良い 143
特徴4 叱る時、子供自身に気づかせる親 157
特徴5 置き換えて話す親 161
特徴6 子供に合格してほしいと思わない親 163

第3章 東大合格家庭の10カ条 181

1 一緒に朝ご飯を食べること 184
2 何か一つでも家事をさせること 184
3 適度に運動させること 185
4 毎日同じ時間に風呂に入らせること 185
5 体調が悪いときは無理させず、休ませること 186
6 リビングはいつでも片付けておくこと 187
7 勉強に口出しをしないこと 187
8 夫婦仲を良くすること 188
9 月に一度家族で外食すること 188
10 この10カ条を父親と共有すること 189

第1章

「伸びる子供」意外な8の特徴

特徴1　筆箱をプレゼントされて怒った――独自のこだわりがある子

まず最初に「一見『変な子』と思われがちだけど、大成しやすい子」の例としてご紹介したいのは、**「独自のこだわりのある子」**です。

他人から見て全く理解できないこだわりだったとしても、自分の中に何らかのこだわりがあって、頑固にそれを守り続けている子は、短期的には成績はあまり上がらなかったとしても、長期的に見ればすごく頭が良くなることが多いです。

例えば、こんな話があります。とある東大受験生が、受験の時期に親御さんと大喧嘩《おおげんか》したのです。

その子は、高校3年生のクリスマス、つまりあと1ヶ月で受験が始まるという時期に、親から筆箱をプレゼントされたそうです。親御さんとしては、「これで受験を頑張ってね」という意図だったのだそうですが、なんと**筆箱が原因で親御さんと大喧嘩**してしまったそうです。

「筆箱をプレゼントされただけで、なんで喧嘩になるの?」と思うと思いますが、彼はこんな風に言っていました。

「自分は、筆箱のどこの位置にどのペンを何本入れれば試験を受けやすいのか、勉強がやりやすいのか、今までの模試や普段の勉強でしっかり理解した上で受験に備えてきた。なのに、このタイミングで新しく筆箱を変えるというのは、今まで自分がやってきたルーティンをすべて壊さなければならず、今までの努力をすべて否定されることに等しい。だから親に、『あなたは自分の息子の受験を失敗させたいのか！』と怒ったんだ」

正直、多くの親御さんにとっては理解不能だと思います。「たかが筆箱ひとつで、何を言っているんだ？」って感じですよね。私もそう思います。

ですがこれこそが、「伸びる子」のひとつの特徴なのです。本人以外にはわからないような、「本人なりの理由づけ」があって、それをしっかりと貫ける人が、後から大きく成績を上げることが多いのです。

この「こだわり」を問うために、私は面談や面接対策の際によく、「あなたの好きなことはなんですか？」と聞きます。

なんてことのない、趣味を聞く質問に感じられると思いますが、この質問に対する答え方で、その子の潜在能力が見えてきます。後から成績が伸びていく子は、この質問に対して「自分がなぜそれが好きなのか」をセットにして、好きなものを語ってくれます。それが、アニメであれ漫画であれアイドルであれ音楽であれ、勉強と関係のないもので一向に構いません。とにかく**「なぜそれが好きなのか」という理由が明確な人が、「伸びる生徒」**なのです。逆に、自分の「好き」があまり語れず、好きな作品やコンテンツの名前を挙げることはできても「なぜ自分がそれを好きなのか」が語れない人は、伸び悩んでしまうことも多いです。

一見すると勉強に全く関係がないように見えるこの質問ですが、実は大いに関係があるのです。こだわりが強い子は「凝《こ》り性」であることが多いです。頭が良い子のひとつのパターンとして、こだわる時には徹底的にこだわる、学者タイプというのがあります。大雑把に「大体こんな感じでしょ」と考えるのではなく、**ひとつの物事にこだわって、深く考えようとする姿勢**がある子というのは、一度集中するとずっと集中し続けられるような強い集中力を持っている場合が多いのです。

また、こだわりが強くて自分の好きなものが語れるというのは、**自分の分析ができているということでもあります**。例えば飽きっぽい性格の生徒の中にも、「自分は飽き性だから、勉強場所を毎日変えることで勉強を継続しているんです」と言ってくる生徒がいます。また、「自分は家で勉強しているとサボってしまいがちだから、周りが勉強している自習室とかに行くように心がけています」と語る生徒もいます。自分の「飽きっぽい」という性格を理解しているからこそ、その対策を打つことができているわけです。

このように、**自分の強みと弱み・特性を理解して、その特性に合わせて勉強できる生徒は、他の生徒に比べて圧倒的に成績が上がりやすい**のです。

逆に、「先生、自分はどういう場所で勉強したらいいと思いますか?」と聞いてくるような生徒は、自分の特性やタイプを理解していないので、うまくいかないことが多いです。

同じように、私が「やっぱり自習室で勉強した方が捗《はかど》ると思うよ」と言ったとして、それを完全に真に受けて「わかりました、じゃあ自分は自習室で勉強するようにして、家では勉強しないようにします」と、相手の意見を100%正しいと捉えて自分で考えずに受け入れてしまう、「自分」がない生徒というのも、成績が伸び悩む場合が多いです。

成績が上がる生徒は、「自分はこういうタイプなんで、こういう風に勉強します」と自分の好きなスタイルが確立していて、こちら側が提案した勉強法に対しても、「この面では確かに自分に取り入れられるので、やってみます。ただ、自分のやり方も大事にしたいので、とりあえず一部分取り入れてから考えます」と、自分にあったやり方の部分を自己流にアレンジすることができる場合が多いのです。

「自分らしさ」がしっかり理解できている生徒は伸びやすく、「自分らしさ」がない・または自分で理解できていない生徒は伸び悩む、と言ってもいいでしょう。

また、成績上位の子でも、他人から見たらよくわからない、不思議なところにコンプレックスを抱えている子も多いです。すごく学力が高くても、「数学で計算ミスをするのが本当に嫌で……」と、計算ミスがコンプレックスという子がいました。軽い計算ミスをするだけで机に突っ伏してしまうのです。

他にも、親御さんではなくおばあさまに何か言われるのが嫌で、何も言わせないために勉強していた子がいました。すごく真面目で、感情的には全く問題ない子だったのですが、その子にとってはおばあさまの存在が本当に大きく、良い意味でも悪い意味でもおばあさまの言葉に左右される子でした。

「とにかくおばあちゃんに勉強のことで口出しされたくない」と言って、その子はなんと、全国11位の成績を取りました。

このように、成績が良い子だからこそ、何かしらのコンプレックスやこだわりを持っているということは少なくないのです。


さて、ちょっと話は脱線しますが、「東大生はオタクが多い」と言ったら、みなさんはどう思うでしょうか？

「ええ、東大生って、ゲームとか漫画とかに目もくれず、ずっと勉強していた人が多いんじゃないの？」と考える人が多いかもしれませんが、案外そんなことはありません。教え子を見ていると、東大に行く子ほどむしろ、アニメや漫画・アイドルやYouTuberなどに、どっぷりと浸かっているような、とんでもないオタクが多いのです。

そんなオタクな東大生たちに話を聞くと、「自分が一体なぜ、その作品・そのコンテンツにハマっているのか」「どういうところが好きなのか」ということを明確に説明してくれます。話が長くて聞いた側が後悔するくらい、懇切丁寧に説明してきます。

「自分も、優秀な兄と比較されて生きてきた人間だから、この作品の弟キャラにすごく共感するんだ」とか、「この人物がこんなことを言った時に、すごく共感できる部分があって、だからそれ以降この人を追いかけているんだ」とか、そんな風に「なぜ自分がそのコンテンツが好きなのか」をしっかり説明できる東大生が多いんです。「なんとなく好き」とか「みんなが観ているから観ている」ということはほとんどなくて、「自分がある」からオタクになっているんです。

没個性的で、「その人らしさ」がなかったり、自分で「自分らしさ」がわかっていない東大生はほとんどいません。みんな、何かしらのこだわりがあって、「自分らしさ」を理解しているからこそ、自分にあった勉強法や努力の仕方を理解できていることが多いのです。

そういう「こだわりの強い頑固な生徒」というのは、先生から手を焼かれるような問題児であることも多いですが、逆にそういう問題児の方が、ポテンシャルがあるわけです。

ちなみに私は、**生徒の素質を見るために筆箱をよく観察する**ようにしています。きちんと整理されているか、自分の使いやすいようにカスタマイズしているか、それとも無造作に整頓しているのか。

特に小学生だと、最初は筆箱の中身も親御さんに用意してもらっていることが多いですが、そこから次第に自分流に変化していきます。この変化が大きい生徒や、「なんでここはこうなの？」と聞いた時に答えられる生徒というのは、成績が上がりやすいのです。

例えば「なぜ、君の筆箱は、鉛筆が3本、長いのが1本で、短いのが2本なの？」と聞いたことがあります。その生徒は「長い鉛筆の方がノートを取る時に一番ていねいに書くことができて、短い鉛筆は算数の時に早く解くことができるんだ。で、今日は社会の時間があるから、そのためのノート作りは長い鉛筆で書きたくて、その後算数の宿題を終わらせるから短い鉛筆を持ってきたんだ」と答えてくれました。ここまで答えられる生徒だと、やはり成績が大きく伸びます。

しかし残念ながら、こういう生徒は親御さんや学校の先生たちと対立してしまうことが多いのも事実です。本人にしかわからないこだわりがあるため、普段の生活でも「この食べ物は食べたくない」とか「この時間には絶対に布団に入る」とか、そんな風にある種「わがまま」を言う場合が多いからです。それに対して、「つべこべ言わずにこうしなさい」と**頭ごなしに何でもかんでも否定してしまうと、このこだわりは失われて、同時に本人が持っていたはずの集中力もなくなってしまう**例をいくつも見てきました。

子供の「わがまま」も、しっかりと理由を聞いて、必要な場合はしっかり尊重する姿勢を持つ必要があるかもしれませんね。

特徴2 「わからない」と言う――素直な子

みなさんは、「この問題わかる?」と聞かれて、「わかる!」と答える子と、「わからない!」と答える子、どちらの子の成績が上がりやすいと思いますか?

直感的には「わかる!」と答える子の方がいいと思う人が多いと思います。物事を教えているわけなのですから、「わからない」よりは「わかる」の方が良さそうですよね。

しかし正解は、**「わからない」と答える子の方が成績が上がりやすい**のです。

わからないことを素直に「わからない」と言える子は、その時は成績がいまいちだったとしても、後からどんどん伸びていきます。

「できない」時は「できない」と素直に言う子の方が、その「できない」「わからない」と向き合う時間が長くなるため、きちんと頭を回転させるから、成績は上がっていくのです。

逆に、「ああ、この子は今の段階だとなかなか成績を上げるのは厳しいだろうな」と感じる子供の特徴は、本当はわかっていないのに、それを表情に出さず、「わからない」と認めることができず、わかったふりで通そうとしてしまうことです。

生徒が無意識のうちに「わかる」と嘘をついてしまうメカニズムについては、『ドラゴン桜』でも解説されています。

あっ……
このベクトルの問題は図からよりも計算だけで解け
ベクトルの基礎をわかってないならもう一度やり直そうか
あ……いや大丈夫ちょっとしたミスだから
今度はちゃんと……

わかった
フリ？
そうだ
特に水野《みずの》だな
悪気は
ないんだが
ベクトルは
苦手になっていて
避けたい気持ちが
出てきている
今日のところは
黙認したが
これは良くない
兆候だ
しかし……
大部分の生徒に
普通にあること
だからな

『ドラゴン桜』5巻　48限目

「わからない」ということを自分で認めたくない、という意識から発生してしまうのがこの問題ですね。

しかし、勉強というのはそもそも、「わからない」ことを「わかる」ようにする過程のことです。ですから、最初が「わからない」のは問題ないのです。

とはいえ、「わからない」がいつまでも繰り返されてしまうのも困りものです。

このジレンマを、『ドラゴン桜』ではどのように考えているのでしょうか？

桜木先生が生徒2人を教壇に立たせて、年下の1年生たちに授業させた後での振り返りをしているシーンをご覧ください。

その他にも
授業をやってみて
いろいろ感じたことは
あるだろ
言ってみろ……
感じたことって
……
そりゃあ……
やっぱりまず
ちゃんと授業
受けさせるのって
すごく大変だなって
先生の苦労が
少しはわかった
あとは……
教えられる側って
わかったフリ
するもんだなって
……

え……
それって……
もちろん
自分も
含めてよ
わかったフリ
しとくと
授業は勝手に
進んでくれるから
それ以上そのことを
考えなくてすむし
でもそれじゃ
受験には
通用しないでしょ
すごく
反省……
心入れ替えて
納得いくまで
先生に聞き続けて
みようかなって

まあ……そう責めることはないわかったことにしてしまうことは誰にでもあること……
重要なのはわからないことをいつまでもほったらかしにせず
たまに立ち止まって深く考えてみることです
公式を覚える時に一通りの証明を一緒に覚えても効果は薄い
自分で他の証明方法がないか考え抜いてみることでその公式をより深く理解できるぞ

『ドラゴン桜』6巻　52限目

このように、**「わかったふり」をしない、というのはひとつの才能**と言っても過言ではないのです。「わからないこと」を「わからない」と素直に表現することができる子は、「なんだか自分だけわかってないみたいで恥ずかしい」と感じてしまう場合も多いのですが、全くそんなことはなく、むしろ素晴らしい才能を持っていると言っていいのです。

ちなみに私は、生徒が「わからない」に対してどう振る舞うのかを調べるために、わざと授業中に難しい言葉を使ってみたり、論理を飛躍させて話してみたりすることがあります。そうやって、生徒たちの反応を見るのです。本人には知ったかぶりをしている自覚もないのでしょうが、一度試してみるとその反応で相手のことが理解できるので、**「わざと難しいことを言って、相手の反応を見る」**というのは、「わからない」と素直に言う素質を見極めるために有用です。

これを逆の視点から見ると、親御さんや先生が、「わからないと素直に言う」ことができない環境にしてしまっている場合、生徒は伸び悩んでしまうことが多いと言えます。説明を理解できない、という反応をした子に対して「どうしてわからないんだ」と言ってしまったり、何度同じ説明をしてもわからない子に「わからないわけがない」と言ってしまったり、そうしたことの積み重ねが、子供が素直に「わからない」と言えなくなってしまう環境につながり、せっかくの伸びる素質をダメにしてしまいかねません。

子供の「わからない」に寛容になること。これも、教える側が持つべき大事なスキルだと言えるでしょう。

特徴3 ズルをしてでも勝ちたい――負けず嫌いな子

3つ目にお教えしたいのは、異常なほど負けず嫌いな子は伸びる、ということです。勉強でもゲームでも、負けるのが嫌でズルをしてでも勝とうとするような子っていますよね？ゲームで負けそうになったら盤面をひっくり返したり、テストでもどうしても良い点を取りたくてカンニングしたり。

もちろん嘘をついたりズルをしたりするのは良くないことですが、そういう子に対して、「この子はダメだ」とレッテルを貼ってしまうのも良くありません。実は、**負けず嫌いは勉強にとても良い素質**なのです。

「精神的に向上心のないものは馬鹿《ばか》だ」

これは、東大の前身となる帝国大学の卒業生である夏目漱石の小説『こころ』の言葉です。
この言葉通り、東大に合格する生徒に共通していると感じるのは、その類《たぐい》稀《まれ》な向上心、言い換えれば「負けず嫌いさ」だと思います。勉強以外の物事も含めて、些《さ》細《さい》なことからさまざまな勝負事に対して負けず嫌いで、向上心が強いのです。

塾のテストで点数を気にするとか、入試の時の点数を話すとか、そういう学力面においてはもちろん「負けず嫌い」ですが、それだけではありません。学校のスポーツ大会や部活動、文化祭など、勉強以外のちょっとした行事でも本気で勝負する傾向があります。

「頭が良いんだから別に勉強以外のところでそんなに熱くなることないんじゃない？」と思うかもしれませんが、スポーツだろうがなんだろうが、本気で彼ら彼女らは悔しがります。

こんな話があります。東大合格者の多い開成高校や麻布高校などの超有名進学校はどこも運動会が大人気で、受験を控えた高校3年生も本気で運動会に挑み、本気で喜んだり本気で泣いたりすることが恒例なのだとか。そしてそうした高校の先生曰《いわ》く、「本気で勝ち負けにこだわっている高校3年生ほど、受験で東大をはじめとする名門大学に合格できる場合が多い」のだそうです。

ここで勘違いしないでほしいのは、別に彼らは、「勝つ」のが好きなのではないということです。**勝負というものが自己の成長につながることを理解していて、だからこそ本気で挑んでいる**に過ぎないのです。

昔、私が担当した生徒で東大に合格した子がいました。

小学5年生で私たちの塾に入会したのですが、本当にちょっとした勝負事でも、大人に対してきちんと勝負を挑んでくる子でした。

今でも覚えているのが、「さんずいという部首を使った漢字を思いつく限り考えてみよう！」という戦いをした時のことです。普通、10個とか20個とかそれくらいの勝負になると思うのですが、なんとその子と私は「53個対55個」の戦いをしたのです。私が55個出したのですが、その子は本当にずっと考えていて、「もう塾も終わりの時間だから帰ろうよ」と言っても、「いや、まだやる」と本気で噛み付いてきていました。ずっと印象に残るすごい子で、東大に合格するのも納得でした。

このメカニズムについて、『ドラゴン桜』ではこんな風に説明されています。

勉強とは怒《いか》りだ！
怒り

できないことが口惜《くや》しい！
自分の不甲斐《ふがい》なさに腹が立つ！
知らない！解《と》けない！自分が許せない！
バカ
バカ
自分で自分に怒りを覚える！
あいつを見返してやる！今の状況を変えたい！
人生一発逆転を狙ってやる！

怒りは力の源だ！
何も悪いことじゃない人間の当たり前の感情だ！
早瀬 天野 怒るなら今だ！
そのみっともない姿でちゃんと怒ってみろ！
バカ

『ドラゴン桜２』８巻　59限目

「勉強とは怒りだ」と桜木先生は説明していますが、まさにその通りだと思います。**できないところができるようになるのが勉強であり、できないところに対してちゃんと怒れる人の方が、成績が上がる**のです。きちんと自分を向上させる欲求を持っている子は、そこから成績を大きく上げられる可能性があると言っていいでしょう。

親御さんや先生は、子供がきちんと「勝負に対して全力を出す心」を持てる環境を作ることが求められます。ゲームや遊びをする時にも、子供だからといって手を抜かないこと。子供が異常なまでに負けず嫌いでも、「そんなに悔しがるな」なんて言わずに、向き合ってあげること。こうした姿勢を持っている大人が周りにいるかどうかによって、そこからのその子の成長は大きく変わっていくと思います。

そういえば以前教えた生徒で、授業中に踊り出す子がいました。「なんで踊ってるんだ?」と聞いたら、「正解したことが嬉しくて!」と言っていました。それくらい感情豊かで、勝った時には喜んで、負けた時には泣くほど悔しがる子というのは、成績が伸びやすいです。実際、踊り出したその子はその後、国公立大学に合格しました。

ちなみに、塾で多くの生徒を見ていると、毎年一定数、こちらを言い負かそうとしてくる生徒がいます。「先生はこう言っていましたけど、こうなんじゃないですか?」と聞いてくる、一般的には「生意気」と呼ばれる生徒です。

意外に感じるかもしれませんが、こういう生徒は多くの場合、かなり伸びます。先生に対してもしっかり勝負を挑んでくるというその精神性は貴重なもので、こちらも全力でぶつかっていると、生徒は大きくレベルアップしていくことがあります。ですので私は毎年、そういう生徒がいると「お、今年も来たな！」となんとなく嬉しく感じるものです。

また、もうひとつ重要なことをお伝えします。この「向上心」というのはとても重要なファクターですが、しかし同時に「ネガティブ」ということでもあります。自分のひとつのミスを受け入れられないような、完璧主義的な思考にもつながっているからです。

成績が高い子の中には、ネガティブな子もいます。完璧主義で、ひとつでもできていないことがあると「失敗」と思い込んで、自分の穴を埋めようとして、精神を病んでしまうような子です。

私は、そんな子に対しての接し方はいつも慎重にしています。というのも、**ネガティブな考え方をする子に対して、それを矯正するようなことを言ってしまうと良くない**からです。むしろ、そのネガティブさが原動力になることもあるのです。

例えば昔、センター試験の模試で894点を取った普段は明るくしているものの、学習面でネガティブな一面もある子がいました。センター試験は900点満点なので、894点も取れればどこの大学でも行けるくらいの高得点で、普通なら自信につながるものだと思うのですが、その子はそうは考えませんでした。その子の6点分の失点は地理4点と英語リスニング2点だったのですが、地理が100点中96点で「4点」の間違いだったのに対し、一度「足切りにはかからないので大丈夫です」と言っていたものの、数日後「やはりあの4点を取りたい」と相談に来たのです。満点でないことに対してネガティブになり、自分に怒ることが勉強の原動力だったのです。最終的にその子は、京都大学の医学部に進学しました。

完璧主義な子にどう向き合うかはとても難しい課題だと思いますが、しかしやはり、できるだけ寄り添うのが一番だと思います。そのネガティブを否定してポジティブにするのではなく、きちんと会話して、どうすれば100点になるのかを一緒に考えることが重要だと言えるでしょう。

特徴4　なかなか納得しない――「なぜ？」と考える子

4つ目の特徴は、「なぜ？」と考え過ぎて、全然簡単に納得しない子です。「こうなんだよ、わかった？」と聞くと「わからない、なんでこうなの？」とさらに聞いてくる子っていますよね。親御さんや先生からすると「うるさいな、もうそういうものだって受け入れてくれよ」と思うのに、全然受け入れてくれない子、多いのではないでしょうか？

例えば、みなさんは、「悶」という漢字の部首は「門」と「心」のどちらか、わかりますか？

答えは「心」です。多くの人は「門」と答えると思うのですが、実は心の方が部首です。「忘」とか「志」などの漢字は、心の働きなどに関する意味になるので、「心」が部首になっているのです。

この話を聞いて、「そうなんだ」と思いますか？　それとも、「なぜだろう？　あんまり納得できないな」と疑問に思いますか？

私がここでみなさんにお伝えしたいのは、ここで「うーん、今の説明だと納得できないな」というような、**「簡単な答えでは納得しない子」の方が学力が上がる**ということです。
今の説明は、大抵の塾で普通に行われているものですが、これに対して「納得できません！」と言ってくる子の方が、伸びるのです。

「イージーアンサー」という言葉があります。質問に対して、深く考える前に簡単な答えを出してしまうことを指します。

例えば生徒に対して、「なんで成績が上がらないと思う？」と聞いた時に、あまり深く考えずに、「勉強してなかったから」「頭が悪いから」なんて答えてしまう子っていますよね。

「いや、もっと深く考えてよ！」と言いたくなると思いますが、こうしたツッコミを入れたくなるような答えこそが「イージーアンサー」です。パッと思い付く、深掘りが全然できていないような「簡単な答え」という意味です。つまり、あまり考えが深まっていないわけですね。

『ドラゴン桜』では、イージーアンサーに逃げてしまう生徒に対して、先生が一喝するシーンがあります。

御茶ノ水駅
聖橋口
Hijiribashi Entrance
この改札の案内表示を見て下さい
日本語はもちろん英語・中国語韓国語で表記されていますね
聖橋口
さて これは なぜでしょう
なぜって……
そんなもん……外国から日本に来る人が多くなったからに決まってんじゃん

以前からでも外国から訪れる人はいたはずですよ特に東京には……
だから……前よりもっと多くなって……
案内板に外国語も書くようになったんだろ
それではなぜ外国人が多くなったのでしょう
聖橋口
Hijiribashi Exit
千代田
Chiyoda
タクシー
Taxi
ええ？いや……そりゃ……
多くなったというのは理由があるはずです原因はなんですか？
あ……サッカーのワールドカップとかあったじゃん韓国と共同でやったからそれでよ
ならば中国の人はどうですか？
それは……中国の人も日本に遊びに来るようになったんじゃない？
それはなぜですか？

さっきからいちいちなぜとかどうしてとか……
どうでもいいじゃん！駅の案内表示に外国語があろうとなかろうと！
矢《や》島《じま》君
だからあなたはバカなのだ！

バ…バカって
な…なんだよ!
「どうでもいい
じゃん……」
そこで
投げ出して
思考停止
するからです
漫然と毎日を
過ごして
周囲に好奇心を
抱かない
これでは何ひとつ
身につかない
そのような淡泊な
性格の人間には
学問は無理
東大受験など
即刻おやめなさい

わかったよ
では続けましょう いいですか……
このようなちっぽけな案内表示ひとつでもここからいろいろなことが推測できます
聖橋口
日本語と英語のみの案内板のほうがこの駅に多いことから4ヵ国語表示の案内板は新しいと推測できる

中国・韓国人が増えたのは最近だとさらに推測できるではなぜ増えたのか？両国の経済が発展して旅行者が増えたのかもしれない
だとすると昔と比べてどれくらい経済は発展したのかそれによって日本はどう影響を受けたのか
それを知りたい調べてみて自分なりの論理を構築してすっきりしたい
これが知的好奇心を満たすことであります
推測することで一枚の表示板だけからでも世の中のいろいろな動きを読み取ることができるのです
ああ……そういうことかこれが要するに……

そう……〝正しく読む〟ということと推測して読み取るのです
ふうん……読むって文章だけじゃないんだね
ですから机に向かって書物を読むだけが勉強ではありません
こうして街に出て世の中を見渡してみる
KFC
イオカード

すると社会には様々な疑問があります
なぜ日本の車は左側通行なのか
品物を売買して利益を生む仕組みはどうなっているのか
景気が良くなったり悪くなったりするのはなぜか
このように世の中にはたくさんの〝なぜ〟があふれている

〃正しく読む〃能力を身につけるには
常になぜという「疑問」を持つこと
街を歩く時にも本を読む時にもしなくてはいけません
ぼんやり歩くのではなく文章の字面を目で追うのではなく　疑問を投げかけるのです
本を読んでいる時は筆者に向かって問いかけ議論しているようなものすなわち……

〝正しく読む〟とは
ああ……キャッチボール
なるほど……
たしかに　これを教室の中で説明してもピンとこないわ

筆者との　心の
キャッチボール
なのです
でも……そんな
余裕あんのかな
受験の最中で
そうよね
テストなんかじゃ
内容わかるだけで
精一杯だもん
しかし　それが
できる人と
できない人では
テストの点数で
決定的な差となって
表れるのです

『ドラゴン桜』5巻　44限目

このように、「どうでもいいじゃん！」というイージーアンサーに返す言葉は「だからあなたは馬鹿なのだ！」です。模範解答を見て「そう決まっているんじゃないの」とだけ考えているうちは、成績は上がらないということですね。

実はこの話、ここまで取り上げてきた「伸びる素質」とつながっている点が多いです。なかなか納得しないのは、簡単に答えを出さないでしっかり深く考える点で「こだわりが強い」とつながりますし、わかった気になるのではなく、わからないところをしっかり考えていこうとするという姿勢を持っている点では「わからないと素直に言う」ことにも通じます。

なお余談ですが、先ほどの、「なぜ『悶』の部首は『門』ではなく『心』なのか」という問いを深く考えた時の答えは次のようになります。

「悶」という漢字は音読みで「モン」ですが、「門」という漢字も同じように読みます。いくつかの漢字には、「二つの漢字が合体してできた漢字は、音読みの読みになっている漢字とは違う方を部首にする」というルールがあります。「忘」という漢字は音読みで「ボウ」ですが、これは「亡」も同じ読み方です。「志」という漢字は音読みで「シ」ですが、これは「士」も同じ読み方です。どちらも、「心」以外の漢字が読みになっていて、だからこそ「心」が部首になっていると言えます。

この話を知っていると、「『貢』は『コウ』と読むけど、『工』が『コウ』と読むから、この部首は『貝』だな！」と、どちらが部首なのかを見分けることができるようになります。部首について深く考え、「どういう法則性があるんだろう？」と要点に気づける人の方が、成績が上がりやすいのです。

学力以外の面でも、これと同じことが言えます。

例えば、成績が伸びる子は、テレビゲームの楽しみ方が違います。みなさんはテレビゲームをする時、どんな風にゲームを楽しみますか？

勝ったら喜び、負けたら悔しがる。うまくいったらガッツポーズをし、うまくいかなかった時にはコントローラーを投げて「つまんない！」と言ってしまう。こういう人は多いと思うのですが、成績が伸びやすい子は、ゲームをしていてうまくいかなかった時の反応が特殊です。

「つまんない！」ではなく、「あれ、どうしてうまくいかなかったんだろう？」「どうすればよかったんだろう?」と**しっかり考えて、悩み、自分で仮説を立てて実行し、物事を解決しようとしていく、要するに、問題を解決するまでのプロセスも含めて楽しんでいる**のです。うまくいかない時でも腐らず、その瞬間を楽しんでいる。簡単に「つまらない」なんて言わず、うまくいくためにはどうすればいいかを考える。こういう姿勢がある子であれば、ゲームでも勉強でも、それ以外のことにも応用して物事を考えていくことができるわけですね。

「簡単な答えでは納得しない」という姿勢を持っている子は、きちんと向き合うと、本当に成績が上がっていきます。しかし、先生や親御さんにとっては「厄介な子供」に思えてしまうこともあります。簡単に納得してくれない子というのは結構大変なもので、忙しい時にはつい適当にあしらいたくなる場合もあるでしょう。

ですが、そうではなくちゃんと向き合って、難しい答えでもしっかり伝えたり、一緒に答えを探したりしないといけないのです。ぜひこの点をみなさんにご理解いただければと思います。

特徴5　他人の評価を気にする――評価されるのが好きな子

次に取り上げたいのは、自分の評価を異常なほど気にする子です。積み木で遊んでいたとして、「ねえ、どう？」とことあるごとに聞いてくる子っていますよね。で「いいんじゃない？」なんて大人が答えると、「もっとなんか言ってよ！」と怒ってくるような、評価を求める子、多いと思います。一見すると他人からの評価を気にし過ぎる子というのはあまり良くないイメージを持つかもしれませんが、しかしそんなことはありません。

「心理テストや性格診断など、自分のことを評価されるのが好きかどうか」というのは、とても大事なのです。**他者から評価されることが好きで、客観的な性格分析を積極的に聞きたいと考える子は、伸びやすいです。**

ＦＦＳ診断（Five Factors ＆ Stress 理論）、ストレングスファインダー、16Personalitie など、世の中には客観的に自分の長所と短所を判断するツールがありますが、そうしたものを積極的に実践しているかは、成績の上がりやすさの指標です。

これは、自己理解を楽しめるかどうかを表しています。長所と短所、できることとできないことなど、自分を知ることを恐れずに実践できているかによって、勉強を含めて努力する時に「どう努力すればいいか」がわかるわけです。「君って、意外と飽きっぽいよね」と言われて、「そんなことない！」と怒るタイプなのか、「そうなのかもしれないな、ちょっと気をつけてみよう」とその評価を取り入れるタイプなのか、ということです。

生徒と向き合っていると、三者面談すら楽しんで臨もうとする子がいることに気づかされます。そういう子にとっては、「面談＝客観的な評価を楽しむ場」です。「自分自身が気づいていないような強み・弱みを知ることができるのが楽しい」と考えているから、三者面談を楽しみにしているのです。自分のことを知るのは良いことばかりではなくて怖いこともあるはずなのに、逃げないで楽しんでいるわけですね。

このメカニズムについて、ドラゴン桜ではこのように説明されています。

今の自分の学力を知るのが怖いっていうか……
だよね……わかったら一気に自信失いそう……
時00分～10時00分 日本史B
世界史B
何を甘ったれたこと言ってんだ
自分の力を知ろうとしないヤツに東大合格はないいっ！

裏を返せば……
自分の学力を積極的に知ろうとする生徒が東大に合格する！
今の自分の力はどの程度か全国でどの位置にいるのか
何が足りて何が足りないのか
自分の実力を客観的に数値化して把握する
常に自分のデータを分析して戦略を立て実行する者が目標を達成するのだ

『ドラゴン桜２』２巻　10限目

「己を知る」。これはとても重要です。

勉強においてもスポーツにおいても、ビジネスにおいても同じだと思うのですが、やはり一番最初にやらなければならないのは、「己を知る」ことです。自分が一体どういうところで失敗する人間で、どういう点が優れていて、どういうポイントを今後伸ばしていくのか。それが理解できている状態になっている人の方が、結果を出しやすいわけです。

そして、学力面において「己を知る」ための1番のツールになるのは、模試やテストなどの客観的な指標です。私は、テストを返した時のリアクションをよく観察するようにしています。返却されたテストに対して、ただ「やった、算数が100点だ！」「国語30点かー。チクショー」と一喜一憂する子なのか、「なんで今回国語が悪かったんだろう？」「算数はこの前と比べて上がっている？　下がってしまった？」と分析できる子なのかをしっかり見て、**テストの結果を深く分析していた場合、テストの出来に関係なく褒める**ようにしています。「テストの結果をしっかり考えられているということは、次のテストは（も）きっといい点が取れるはずだよ」と。

私が知人から聞いた話ですが、昔、「テストで100点満点を取ると落ち込む」東大生がいたのだそうです。満点が取れたらどんな試験でも喜んでいいはずなのに、落ち込んでしまうので、不思議に思って理由を聞くと、彼はこう答えたのだとか。

「テストは、弱点発見のためのものでしょ？　なのに満点だったってことは、受けた意味がなかったじゃない」と。

東大生がテストを自己分析の手段として使っていることを表したエピソードだと思います。


テストの他に自己分析の道具として使えるのは、他人との比較です。

「○○ちゃんより3点高かった！」「△△くんに10点負けてた」など、他人と点数を比べたがる子に対して、マイナスなイメージを持っている人は多いかもしれませんが、私はマイナスには思いません。むしろ積極的に他人と比較して自分の立ち位置を考えているという点で、肯定的に捉えるべきだと思っています。学校や塾という、同じ世代が集まる空間の意義は、他人と比較することで自己分析ができるところにあるのではないでしょうか。

ただ、地方ではこの「客観視」が難しいと思います。私は石川県で指導をしていますが、やはり石川県だけで他人と比較することは難しいです。

都会の進学校では同じような実力を持った人が集まって切磋琢磨し、その過程で「ああ、自分は他の子より英語のこの部分が苦手かもしれない」とわかるわけですが、それが地方だとなかなか難しいのです。

そんな中でも、今はSNSなどを通じて自分と同じような目標を持っている人とつながることができるようになっています。SNSでは自分の模試の結果を写真に撮ってアップして、他の人に積極的に比較してもらうようなことをしている学生も多いです。SNSで他人とつながることに対して否定的な人もいると思いますが、こういうメリットに関しては理解を示すべきでしょう。

このように**「自己分析する子は伸びる」**というのはよくご理解いただきたいポイントです。そして親御さんや先生は、自己分析を促すように指導していくのがいいと思います。テストの点を褒めるのではなく、そのテストを受けてどのように感じたのか、考えたのかを褒めてあげる。他人と比較する傾向のある子に対しても、人を馬鹿にしていたり極度に自分を否定したりしているのでなければ、なるべく褒めてあげる。そういう姿勢を持って子供と接するのはとてもいいことなのではないかと思います。

実際、東大文Ⅱに一浪して東大合格した男子生徒は、浪人時代に月1で私と面談機会を作ることを希望し、自己分析した内容を毎月私と確認する機会を作っていました。

特徴6　言い訳する——失敗の理由を深く分析できる子

次にお伝えしたい伸びる子の特徴は**「言い訳をする子」**です。「言い訳」という言葉は、多くの人にとってマイナスなイメージがあるでしょう。おそらく多くの人が「ええ、言い訳?」「言い訳するのは良くないんじゃないの?」と考えてしまうと思いますが、実はこれには大きな勘違いがあると私は考えています。

ずばり、言い訳が上手な子というのは、成績が上がりやすいのです。このことは『ドラゴン桜』でも語られていて、桜木先生がミスをした生徒に「言い訳をしろ!」と言っているシーンがあるのです。

計算ミスをした理由をちゃんと説明したのか?
理由なんてあるわけないだろ
うっかりミスをどう説明しろってんだよ
そのうっかりの原因は?
だから…うっかりはうっかりなんだよそれ以上何もねえよ
大体もし理由があったとしても失敗したことについてこと細かに人に話せるかよ
そんな言い訳みてえなこと

だから…
その言い訳を
しろってことだよ
何それ…
全然意味
わかんねぇ
言い訳なんて
できるかよ
カッコ悪いだろ
そんな惨《みじ》めったら
しいこと
失敗は潔く認めて
後からグズグズ
言わねぇのが
男ってもんだろ

言い訳をきちんとできる人間こそが真の成功を収める…
え…
何それ…どういうことだよ
それは今ここでは言わない
何で…
タダで教えることになるからだ

『ドラゴン桜』15巻　138限目

敗者の言い訳って
言うの
敗者の…
言い訳？
自分の身を守ることだけ考えて問題に立ち向かうことから逃げてる…
桜木《さくらぎ》先生が言いたいのは勝者の言い訳をしろということ
それはつまり「たら・れば」思考…

ダゥ…
これが桜木先生の答え…
成功する人とは失敗から学べる人
「また失敗するかもしれないから」と失敗パターンを想定し事前に準備を怠らない人

一見 臆病《おくびょう》でネガティブに思えるけど
実は後から敗者の言い訳をしないために努力するポジティブな人なの
「たら・れば」って考えることは決してカッコ悪いことじゃない
逆にそういう思考ができる人こそカッコいいし成功する
だからケアレスミスをただのうっかりとか不注意とかで片づけてはダメ
その時の心理状態を自己分析して原因を探りすぐ改善すること

『ドラゴン桜』15巻　138限目

ここで語られている通り、「言い訳」と言っても、2種類の言い訳が存在します。次につながる勝者の言い訳と、次につながらない敗者の言い訳です。

そしてこのうち、**勝者の言い訳をしている子は成長が早い**です。「次に同じミスをしないようにするためにはどうすればいいのか」を分析しているからです。

ミスをしてしまった時にそのミスから安易に逃げてしまうのは、子供だけでなく大人も経験があると思います。

ミスをしたことなんて忘れたいし、向き合いたくない。それは誰もが持っている当たり前の感情だと思うのですが、「次にこのミスをしないようにするためにはどうすればいいのか」を考えることが必要なのです。これができるようになると、成績は必ず上がっていきます。

逆に言えば、「ケアレスミスだから」といってミスの分析をおろそかにして、あまりそのミスについて深く考えない子は要注意です。「不注意だった」とか「偶然ミスをした」とか、そういうのは「イージーアンサー」ですね。しっかりと、「なぜそのミスをしたのか」「次はどうするのか」を考える必要があるということですね。

実は成績が上位の子ほど、「ケアレスミス」と言う言葉を使わない傾向があります。ケアレスミスというのは、言ってしまえば「正解できていたはずのものであり、対策する必要がないもの」という意味で使う言葉ですよね。「この問題は、ケアレスミスだった」と言ってしまえば、もうそれ以上は思考しなくても良くなってしまいます。なんらかのミスを「ケアレスミス」と呼ぶのは、「このミスから学ぶことはない」という宣言をしてしまうのと同じなのです。

ですから、頭が良くてミスが少ない子ほど、「ケアレスミス」とは言いません。その言葉自体をあまり使わないようにして、「ケアレスではなく、何がそのミスの要因になってしまったのか」を考えることをしているのです。そうすると、しっかりと「言い訳」を考えることになり、「なんでこんなミスをしたのか」を「ケアレスミス」以外の言葉で表現しなければならなくなります。

時間がないから焦ってしまって発生したミスかもしれませんし、誰かにチェックしてもらうはずだったのに、できなかったために生じたミスかもしれませんし、忘れっぽいのにメモをしていなかったから起こったミスかもしれません。「ケアレスミスだ」と言っていると見えてこないような、そのミスの「本質」が見えてくるようになるのです。

よく指導者は、「言い訳するな」という指導をします。親御さんも先生も、「言い訳するな」と言いがちです。でも、その言葉は子供から「次にミスしないようにするためにはどうすればいいか」を考える機会を奪ってしまっている可能性があるわけです。

ぜひ逆に、積極的に「言い訳しなさい」と指導してみてください。

特徴7　すぐ帰る——自分で時間を管理できる子

「すぐ帰る」も勉強ができるようになるポイントです。授業が終わった後、塾からすぐ帰る子は、受験において合格率が高いのです。この話は、まさに『ドラゴン桜』で取り上げられています。

受験に
合格するタイプと
落ちるタイプを
普段の行動からでも
推測できるそうです
合格する
タイプ…と
落ちるタイプ
だと？

具体的な説明をしましょう
別相談
受付中
入塾受
予備校の授業がすべて終わった時に……
そこでさっと身支度をして即座に帰る受験生
こういうタイプは合格しやすい

逆にいつまでも
教室に残って
まわりの友達と
おしゃべりをしたり
モノを食べたり
だらだらと
している子は
たいてい落ちる
これは
長年受験の最前線で
観察していたから
わかったこと
実に面白いくらい
その通り
当てはまるそうです
へぇ…
そんなことが
あるなんて
帰る子と
残っている子か
……

でも用さえ済めば
すぐに帰る子って
人間味に
欠けるよな
確かに
自己中心的で
友人関係が
希薄そうな
気がするな
そうよね
親としては
友達と仲良く
しているほうが
安心だわ
そ…そうですよね
だから受験一辺倒は
ダメなんです
偏《かたよ》った人間を
育ててしまいますよ
それこそ偏見
あまりにも
一方的な見方です

すぐ帰る子の性格のいいところはどこか?
それは切り替えの早さとうまさです
学校生活でも予備校と同じことが言えます
予備校の講師達は言っています
さっさと帰る子は時間の使い方がうまく勉強も効率よくこなしている
つまり自己管理ができるということ
友達と遊ぶ時は遊び趣味にも時間を費やしコントロールをしながら生活をしているのです

逆にだらだらと残っている子は一見協調性がありそうで好感が持てそうですが……
実は行動を自分では決められず他人に依存している
こういうタイプは生活にメリハリがつかず
勉強していても注意が散漫で意欲も長続きしない
自己中心的といえば否定的な響きがあるが……
地下鉄
SUBWAY
虎ノ門駅
自分の意思を持ち決断して行動するというのは決して悪いことではない

『ドラゴン桜』11巻　97限目

非常に示唆的なエピソードですね。「授業が終わった後に、すぐに帰る生徒は合格しやすくて、友達とだらだら喋ったりボーッとしたりして、すぐには帰らない生徒は落ちてしまう」というのは、私も強く共感できることです。

この理由は、「すぐに帰った方が、勉強時間が確保できるから」というだけではないと思います。むしろすぐに帰って、スマホでゲームをしている生徒だって多いです。

私が思うに、この事実は**「メリハリがしっかりつけられる生徒が合格しやすい」**ということを示していると思います。「勉強する時は勉強する」「遊ぶ時は遊ぶ」と、自分の目的をしっかりと意識して時間を過ごすことができるメリハリをつけられる子の方が、行きたい大学に合格できるんです。

成績が伸びる子であればあるほど、実はせかせかしている場合が多いです。プリントを配る時にも「早く早く」と急かしたり、無駄な時間を嫌ったりしています。これは、「目的」を意識して時間を過ごしているということなのだと思います。だらだら勉強をして時間を無為に過ごすのではなく、「この時間は自分にとってどういう時間なのか？」「勉強のために行っている塾で勉強が終わったのだったら、すぐに帰ろう」「遊ぶための時間なんだったら、勉強は忘れて思いっきり遊ぼう」というように、目的を持って、効率的な時間の使い方ができているのです。

効率的な時間の使い方ができる子供は伸びる、ということを覚えておいてください。

特徴8 試験中でもニヤニヤする——受験を楽しんでしまう子

この章の最後に取り上げたいのは、**笑顔の多い子**です。勉強について、「ストイックに頑張ること」というイメージがある人も少なくないかもしれません。にこりともせず、ずっと集中している生徒の方がいいイメージがあるのではないでしょうか。

でも、そういう生徒よりも、試験中でも笑顔だったり、授業中にも笑ったりしている子の方が伸びるのです。

笑顔の多い子は「楽しめる子」です。

以前教えていた生徒の中に、問題が配布されてから「テスト開始」と言われるまでの1分間、「俺は絶対この問題を楽しむぞ!」と呟《つぶや》いている子がいました。

その子に聞くと、「そうやって呟くことで、問題を楽しむための自己暗示をかけているんだ」と教えてくれました。すごい話ですよね。そして確かに、そうやって「楽しもう」とした方が、得点も高くなります。

哲学者アランは『幸福論』の中で、「悲観は気分、楽観は意志」と述べています。このように、「自ら楽しみにいく」というスタンスの子は、よく伸びていきます。勉強において、自分が苦手意識を持っているものでも、「楽しもう」という意志を持って臨んでいる子は、必ずその科目を楽しみ、そして成績を大きく上げることができるのです。

さて、この「楽しもうとする姿勢」は、『ドラゴン桜』の中でも描かれています。こちらのシーンをご覧ください。

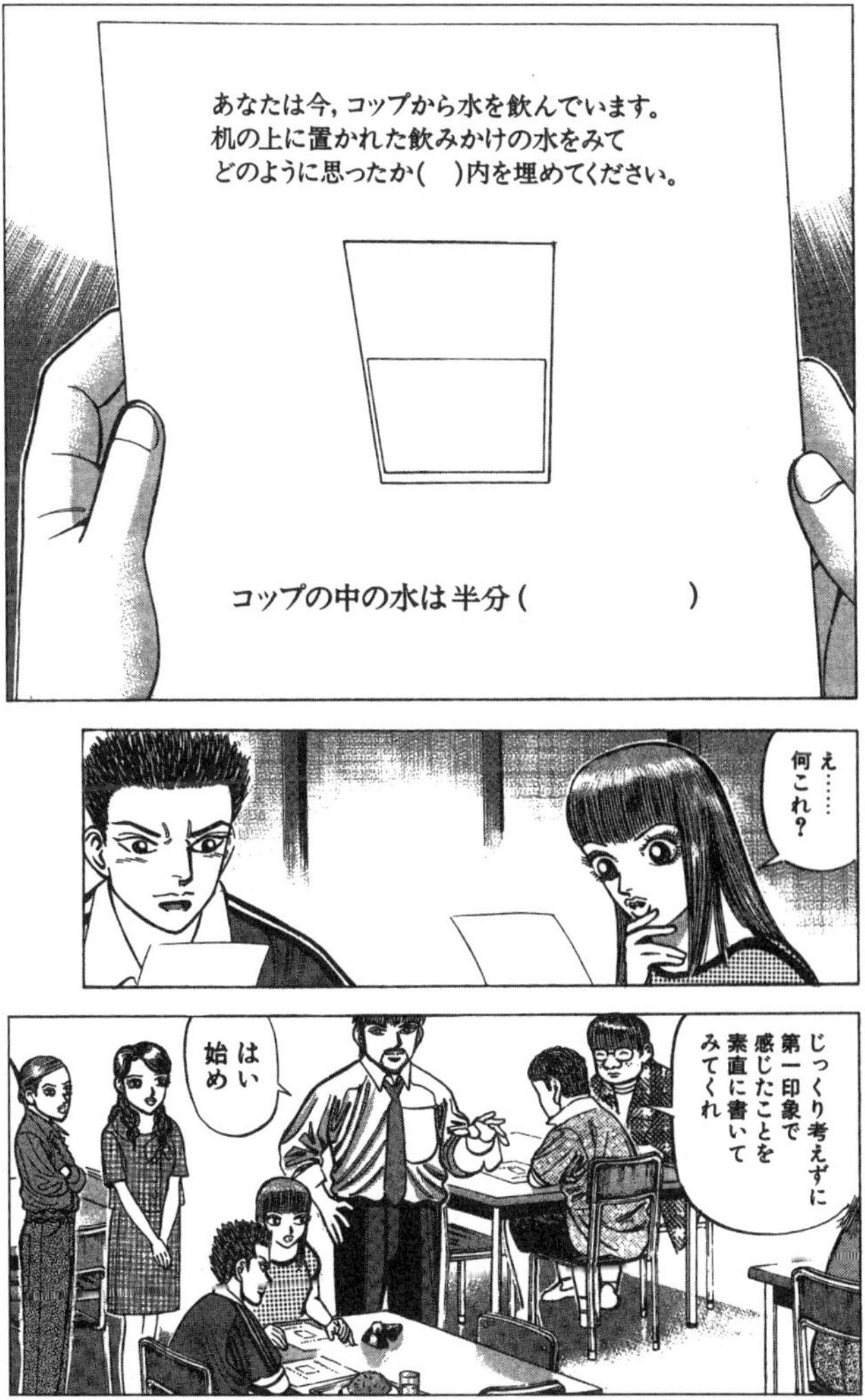

あなたは今，コップから水を飲んでいます。
机の上に置かれた飲みかけの水をみて
どのように思ったか(　)内を埋めてください。
コップの中の水は半分(　　　　　)
え……何これ？
じっくり考えずに第一印象で感じたことを素直に書いてみてくれ
はい始め

おちゃのみず楽
Musical Instrument Shop

それではさきほどやった心理テストについて少し説明しよう

アメリカの高校ではパブリックスピーチの訓練を授業で行う20分間ほど自分の意見を発表するのだ
「コップ半分の水」はその時の典型的なテーマのひとつ……

この水の話はアメリカでは非常にポピュラーで
普段の会話でも悲観的な考えを「グラス　ハーフエンプティ」楽観的な考えを「グラス　ハーフ　フル」と言ったりする
今回はお前たちが悲観主義か楽観主義かを調べようとしたんだ
だからって何なんだよどっちでもいいんだよ……
どうしてですか？
楽観主義のほうがいいじゃないですか？おどおど心配ばかりしているより……

だからそれは…個人の性格の問題で関係ねぇだろ人がどう思って生きようと
そいつの勝手だ他人がとやかく注文つけることじゃねぇ
それにネガティブだっていいじゃないか思慮深く 慎重に行動したほうがいい場合だってある
なぁ栗山
はい…
私もそう思いますそれで幸せならいいじゃないですか
私もどっちでもいいけどさぁでも私はやっぱりポジティブが好きだな

西崎さんはやっぱり彼女らしい答えですね
まぁ…だいたい予想はできてたけどね
ただ…受験が目的となればそうはいかねえぞ栗山……

特に俺たち3年生が悲観的に考えるのはよくないこと
例えば…コップの水の話のように「あと5ヵ月しかない」と考えるのと
「まだ5ヵ月もある」と考えるのでは心理的なプレッシャーが格段に違うだろ

ここは無理にでも「まだ5ヵ月も」って思うべきなんだ
「あと5ヵ月しか…」って暗く考えると自分で自分の首を絞めることになる
無理にでもってそんな強引なことできるかな……
合格したかったらやるしかねえだろ
性格は変えられなくても考え方なら変えられる
そう思い込めばいいんだよ簡単なことだ

それで合格できるならどうにでも考え方を変えてやる
変えずに落ちて後悔したくねぇ
結論は出たようだな
性格は個人の問題他人の力は及ばない
しかし受験においては楽観主義のほうがいいということだ

常にいい方にいい方に考える
必ず最後は合格するすべてうまくいくというようにポジティブな思考法でいこう
頭ではわかっててもなかなかできないから悩むんでしょ？
そこでひとつ具体的でわかりやすいセルフコントロール術を提案しよう
それは……自分の身の回りに
すべてマルをつけてみる

身の回りにマル？
勉強に集中できないのは部屋がないから…とか部活が忙しいからとか……
そうだ…大概 人はものごとを否定的に考える時自分自身ではなく周りのせいにしたがる
心の中でバツをどんどんつけていってだから自分はできないとネガティブに考える

そうではなく
それらをみんな
マルに変えてみる
部屋がないのはマル
かえって自習室で
集中できる
部活があるのはマル
生活にメリハリができて
充実感を得られる……
一人で勉強して
孤独だけどマル
その方が闘志が湧《わ》いて
気合十分って感じだ
このように
自分の周りの環境を
一度すべて肯定する
すると前向きで
ポジティブな思考が
できるようになる

『ドラゴン桜』10巻　90限目

これは「リフレーミング」という思考法を紹介した場面です。「人が自分の目の前にあるものをどう捉えるのか」を「フレーム」と呼びますが、「否定的なフレームで物事を捉えてしまっている時に、肯定的なフレームでひっくり返して捉えてみる」という考え方です。今読んでいただいたのは、「×」にしているものを「○」にする発想の転換です。

つまり、楽観的に捉え直すということです。

自分の部屋がないのは、かえって自習室で集中できるから○。部活があれば生活にメリハリができて充実感が得られるから○、と。

そして、このシーンで描かれている通り、**伸びる子はうまく「○」を作ることができます。**

仮に何か問題が起こって、多くの人から怒られてしまったとしましょう。でも、それは見方を変えれば「怒られてストレス耐性がついた」と考えることもできますし、「この失敗の経験が次に活きるかもしれない。いや、活かしてみせる！」と思うことができるかもしれません。自分も生徒を叱ることもあるのですが、後でこのように考えられている生徒はとても良い傾向だと考えて、褒めるようにしています。

また、私は惜しくも不合格になって浪人する子も多く見ているのですが、その中で「不合格になった分、合格がすごく楽しみになる」と不合格をポジティブに捉えている子がいました。その生徒はやはり、浪人で大きく成績を上げて合格しました。

自分の身の回りの物事に「○」を書ける子は、大きく成長しやすいのです。

さて、だからこそ、**親御さんや先生が気をつけなければならないのは、「自分たちもポジティブになること」**ではないでしょうか。一見ネガティブに思える出来事があっても、暗い雰囲気で接するのではなく、とにかく明るく挨拶をする。まずはみなさん自身から意識を変えていくのです。そして、暗い言葉を口に出していたら、それを茶化したり、ポジティブな声掛けをしたりして、笑い話に変えていくのです。

『ドラゴン桜』監修の西岡壱誠さんは、浪人している間はとても暗かったそうです。ため息をついたり、「もうダメだ」と口にしたりして、どんよりした空気で暮らしていたのだとか。

そんな西岡さんへの、お母さんの対応が素晴らしいのです。お母さんは、西岡さんがちょっとでもネガティブなことを口にすると、「私まで気分が悪くなるから、そういうことを言うな」と言って怒って、「今度そうやって後ろ向きなことを言ったら、その都度、お小遣いを100円ずつ減らすからね！」と言うのです。そしてネガティブなことを言うたびに、これみよがしに「あ、チャリンね」と言っていじったのだそうです。これ、うまいテクニックですよね。実際にお小遣いは減らされなかったそうなのですが、マイナスなことを言わないようにしようという意識が生まれます。

ぜひみなさんも参考にしてみてもらえればと思います。

第2章

伸びる子の親の6つの特徴

特徴1　子供に問いかける親

ここからは「子供を伸ばす親の特徴」「子供が伸びる家庭の特徴」をみなさんに紹介していきたいと思います。私は何百人もの生徒と向き合っていますが、**「この子は賢いな」と思う子の家庭には、その子が賢くなる理由がきちんとある**のです。

最初にみなさんにご紹介したいのは、親子のコミュニケーションです。『ドラゴン桜』では、伸びる子の親子のコミュニケーションの特徴を次のように定義しています。

と言います
と……
当然のことだが
学力は生まれつきの
知能だけで決まる
わけではない
成長期における
トレーニングの
質と量が
大きくかかわって
いる
トレーニングの
質と量……
特別なもので
ある必要はない
日常生活で
充分実行できる
そのひとつは
ズバリ
母親　父親との
コミュニケーション
だ

子供の疑問を鋭いと
よく言うが
では子供の思考は
鋭いのか
英和
答えは
ノーだ……
子供は
深く考えて
疑問を持つ
わけでない
大人は
持っている知識と
情報を基に
ものを考える
だが子供は
情報がまだない
白紙の状態だ
だから子供が
まずするのは
情報の吸収だ
疑問は思いつきで
口にするにすぎない
疑問を発しても
自分の考えが
あるわけではなく
子供は情報を
無批判に吸収して
しまう
子供の視線は
大人と違うから
大人には
疑問が鋭いと
感じられる

子供は自分で考えるのがまだ苦手だ子供の思考は鋭くない
だから子供の疑問は単発で続きがない思考がまだしっかりと伴っていないからだ
ここで親がしっかり手助けするかどうかが分岐点
助けてやると子供の思考力は自然と身についていく
そのキーワードが「なぜ」……ねえ芥山《あくたやま》先生
そうです親子の会話に常に「なぜ」があるようにするといいのです

通常 母親は会話の中で命令調が多くなる「〜してはいけません」「〜しなさい」
しかしこれでは子供の思考は遮断され先に進まない
そこで「なぜ」という疑問で 思考に連続性を持たせるようにする
「食事を全部食べなさい」ではなくて「なぜ食事を残してはだめと言うと思う？」と問いかけるのです
子供が答えたらまた問いかけるのです「お米を作った人は残されたと思うとどんな気持ちかな？」など
そうした会話でも深くじっくり考えるクセをつけられるし好奇心も刺激される

このように「なぜ」を基点として思考を連続して発展させる
日常のささいな訓練でも利発で感性の磨かれた子供が育っていくのです
つまり母親とのコミュニケーション会話でのトレーニングが最も有効ということだ
しかし矢島の母親は教育熱心な様子それなのになぜ……
ああ…あれは会話も一方的で口やかましいからな兄貴はたまたまうまくいったんだろ

『ドラゴン桜』5巻　47限目

この漫画にもある通り、コミュニケーションの中で「なぜ？」を入れることによって子供に思考する余地を与えることが、伸びる家庭のひとつの特徴です。

私はこの状況をよく、「コミュニケーションのラリーが行われている」と説明します。例えば「今日のサッカーの試合、どうだった？」と子供に聞いて、「うーん、あんまりうまくいかなかったんだよね」と返されたとします。その場合、「そうなんだ」と言うだけなのか、「どうして？」とさらに聞くのかによって、子供の学力は変わってきます。言うまでもなく、「どうして？」ときちんと問いかけを行うと、そこにコミュニケーションのラリーが発生します。ある話題に対して、**「なぜ？」「どうして？」という深掘りを親御さんがしっかりしている家庭は、子供の成績が上がります。**

逆に、親御さんがコミュニケーションを疎《おろそ》かにしてしまうと、そこで子供は思考することをやめてしまいます。こうなると、あまり学力は伸びません。

そして、指導においても「なぜ？」はとても大事なことだと言えます。

仮に「これはルールだから、そうしなければならないんだよ」と親が子供に教え込んだとしましょう。「ご飯を残しちゃいけないんだよ」「好き嫌いはいけないんだよ」「靴はそろえて脱がなきゃいけないんだよ」など、よくある話ですよね。

そうすると、短期的にはそのルールを理解しますが、「なぜそのルールがあるのか」ということを考える機会は著《いちじる》しく減ってしまいます。

例えば「ご飯を残しちゃいけないんだよ」といつも言っている親御さんから怒られるから、という理由で食べ残したご飯をティッシュに丸めてゴミ箱に捨ててしまう、なんて子供もいます。これは、ただ表面だけ「ご飯を残しちゃいけない」というルールを覚えて、思考していないから発生してしまうことです。

それよりも、少し時間がかかるかもしれませんがコミュニケーションを取り、「なぜそれがダメなのか」と自分で考えさせる方がいいですよね。

「こうしてはいけない」と教え込むのは簡単なことですが、実はこれは「相手に考えてもらう」という余地を残さない、雑なコミュニケーションであると言えます。このコミュニケーションが多い家庭の子供は、学力はいつまで経っても伸びません。

必要なのは、**「なぜなのか」という深い部分までを相手に問いかけ、自分で考えてもらうこと**です。これが抜けたコミュニケーションを取り続けると、子供は学ぶ機会がないまま大人になってしまいます。

そして、「ご飯を残しちゃいけないのは、作ってくれた人に対する感謝が必要だからだ」

「作物を作ってくれた農家さんや料理をしてくれた人の気持ちも考えなきゃ」と考えるようになると、「じゃあ好き嫌いもいけないことだな」「いただきますとごちそうさまも大事だな」と、次の学びを得られるようにもなっていきます。

そしてこの会話が、勉強とは関係ない、なんでもない日常会話の中に隠れていると、成績も上がりやすいです。テレビを見ていて「あれ、あの番組終わっちゃったんだね。どうして終わったんだろうね？」なんて会話が繰り広げられている家庭の子は、この漫画でも描かれている通り、学力が伸びやすいです。

勉強とは、川のようなものだと私は思っています。

なんとなく見えている下流の情報の元をたどっていけば、必ず上流があります。

今回の例だと「ご飯を残しちゃいけない」は下流で、なぜそうなのかを考えていくと「作ってくれた人への感謝」という上流にたどりつくことができるのです。この、下流から上流へ進む手伝いをするのが、「コミュニケーション」なのです。

そして、上流の情報を理解すれば、さまざまな下流の情報を理解しやすくなります。「ご飯だけじゃなくて、おもちゃも作った人がいるはずだ」「先生にも感謝しなくちゃ」など、違う下流の情報に自分からたどりつくことができるようになっていくのです。

頭を良くするために必要なのは、この「上流と下流」の行き来をすることだと私は考えています。数学でも、ただ公式を丸暗記していては意味がなく、「なぜこの公式は成立するのか」という根本をしっかり理解している人の方が、その公式をいろんな問題に応用できるようになります。小さいころのコミュニケーションは、こういう頭の良さを作ってくれる要素になっていると言えるのです。

この「なぜ？」が大事だという話をする時、私はある生徒を思い出します。彼は、小学生の頃からずっと、「なんで？」と聞いてくる生徒でした。とにかくなんでも気になって、毎日何かしら質問されたものです。私は必死になってそれに対応していたのですが、その子が通っている小中学校の先生方はお忙しいからか、「学校ではあんまりこういう質問をさせてもらえないんだ」と彼は嘆いていました。「でも塾だとなんでも答えてもらえるからすごく楽しい！」と言ってくれました。そして彼は、「学校の先生になって、どんな質問にも答えられる先生になりたい。だから東大に行きたい！」と言うようになりました。最終的にその子は、先生にはならなかったのですが、東大に合格しました。

特徴2　答えを教えない親

先ほどの「コミュニケーションのラリーが多い家庭」という話と併せてお伝えしたいのが**「親が答えを教えないこと」**も心がけた方がいい、という点です。「親が子供と接する時に、情報の上流の部分まで考えられるようにすると学びが伸びやすい」という話をしましたが、これは「親が上流まで教えなければならない」ということではありません。むしろ、「親自身が答えをわかってなくてもいい」のです。

頭が良い子の親というと、イメージとしては「頭が良くて博識な親」をイメージすると思います。なんでも親が勉強を教えて、塾なんていらないくらいに教えるのが上手、というイメージを持っている人が多いと思うのですが、私から言わせていただくとそれは間違いです。

たしかに親と子供の学力に一定の相関関係はあるとは思いますが、それがすべてでは全くありません。親がバリバリの理系なのに文系の才能のある子や、親が高学歴ではないのに素晴らしい学力を持っている子など、親の学力と相関がない子も少なくありません。

逆に、親の学力が高いのに、子供の学力がなかなか伸びないという家庭もあります。というか、親の学力が高い家であればあるほど、「子供の学力が伸び悩む、やってはいけないこと」をしている場合があります。

なぜそんなことが起こるのか？　それは、**「親が答えを教える必要がない、むしろしてはいけないから」**です。

例えば、ある子が特定の問題でつまずいているとします。その時に、頭が良い子が育つ親御さんはどのように対応しているでしょうか？

多くの人は、親自身がその問題の答えを見て、「こういう風にやるみたいだよ」と言うことが多いと思います。でも、答えがわかっている状態で「こう解くのよ」と言われても、子供からしたら「いや、そもそもなんでその発想ができるのかで悩んでいるのに」と思ってしまうのです。

ですから、この場合の正解は**「答えを教えず、一緒に考える」**です。

「どれどれ、どの問題？　これ、どうやって解くんだろうね。一緒に考えてみよう！」というように、答えを知っていたとしても教えることはせずに、一緒に考えるのです。

ここで重要なのは、できないことに対して「一緒に」苦しむことです。もし親も問題が解けずに「どうやって解くのかわからない！」となったとしても、それはそれで子供は「やっぱりこの問題難しいよね、自分だけじゃないよね。先生に聞いてみようかなあ」「これが解けるようになるためには、別の問題集も必要なのかもなぁ」などと考えを広げることができます。

もちろん一人でそこまでたどりつくことができる子供は稀《まれ》ですから、そうなれるようなバックアップは必要です。でも、あえて答えを教えず、自分でどうすればいいか考えさせることも立派な教育だと言えるのです。

そしてこれは、進路についての悩みや、日常生活の中での悩みを聞く時も同じです。答えを教えてあげるのではなく、「自分で考えること」=「内省」を促すのです。

『ドラゴン桜』にも、次のようなシーンがあります。

生徒が進路に迷って
相談してきた
としよう
この生徒はA大学が
第一志望
確実ではないが
合格圏にはいる
ところが試験直前に
ワンランク下の
B大学にしたいと
言い出した
A大学とB大学は
試験日が同じ
親はA大学を望んでいる
さあ高原先生は
どうアドバイスする？
A
B

やはりまずは「どうして?」と理由を聞くのが当然でしょう
答えがないから相談に来てるんじゃないか
そこで生徒が「実は…」と理由をスラスラと言うわけがない
自分の進路だから自分が思うようにB大学でもいいのではと肯定してあげる
心底では不安だから相談してるわけで肯定されたら相談はそこで終わり
やっぱり教師はわかってないと思われるぞ

もう一度よく考えてみたらと……
だから今相談しに来ているんだろう
大丈夫心配するな
がんばればA大学に合格できると励ます
精一杯がんばっている生徒にもっとがんばれというのか

万全を期すと大見得《おおみえ》切ってもしっかりとしたカウンセリングの訓練をつんでなければこの有り様だ…
ちなみにそういった場合どう答えてあげればいいんですか？
そうだ…ほんとに対処法があるなら知りたい
このケースの正解は……
A
B

生徒の言ったことを繰り返す…だ
言ったことを……
繰り返す……
そう…生徒がB大学にしたいと言ってきたら
「A大を受けると言ってたよねB大にしたいのか…」と生徒が言っていたことを繰り返す
相談を受ける時に最も重要なポイントは……
会話を切らずに続けること

話をしている人は自分が言ったのと同じことを少し違った言い方で繰り返されると言ったことが理解されたと思って話がしやすくなる
心の扉が開けば自然と言葉は出てくる
生徒が悩みごとを自ら言葉にして話せるだけで問題は解決に近づく
生徒を信頼して生徒が自力で答えへたどりつけるよう話をする気にさせるだけで十分な手助けだ
なるほど……
これは生徒と教師だけでなく社会のいろいろな場合でも使えそうですね……
そう……上司と部下やもちろん親子の間でも特に親は子供に自分の考えを押し付けがちだから
ほかにもこんな悪い例が起こりうる

パターン	教師(親)の反応	生徒(子)の反応
脅迫型	A大学にしたいと言ったのはお前だぞ。	相談するんじゃなかった。
非難型	えー　今頃になって何を言い出す!!	だから相談してるんじゃないか。
否定型	今頃ダメだよ。もうA大学に決めたんだろ。	やっぱり聞いてくれないか。
ごまかし型	お前は疲れたんだよ。気晴らしにドライブに行くか?	分かってないな。
命令型	今さら文句を言わずに勉強しろー	聞いてよ……。
質問型	なぜ?　どうして?	なぜって言われても嫌なものは嫌だよ。
肯定型	お前の進学だ。好きにすればいい。	……(余計不安になる)
忠告型	もう一度良く考えてみたら?	だから相談しているんだよ。
激励型	そんなこと言わずにがんばれー　お前なら大丈夫ー	もっとがんばるの……。

この他にもいろいろなパターンを想定してみよう!

落ち込んだり悩んだりしている人に
こちらが期待しているとおり活躍してもらうためには

コーチングの技術が役に立つ

コーチングの技術…

『ドラゴン桜』7巻　67限目

このように、オウム返しで相手の言うことを繰り返す方が、子供にとってはプラスになるのです。親が答えを教えてあげる関係ではなく、子供が答えを出すのを手伝う役割として親がいるという関係が理想的と言えます。

最近、子供たちの面談や面接対策の際に「良い子」が増えてきている印象があります。「こうしたらいいよ」「こうするとうまくいくよ」というアドバイスに対して、みんな「はい、そうします!」という返事をするのです。

これ、実は私としてはすごく違和感があります。もっと、「でも、ここは自分に合わないと思います」「ここ、納得できないです」と言ってほしいんですよね。

しかし最近の子は、「先生はこう答えてもらいたいだろうな」という、コミュニケーションにおける「正解」を予測して、その通りに会話する癖がついているんです。「正解」を求めるばかりで、自分で答えを出す習慣がないのです。こういうタイプが増えていくことを私はとても危惧しています。

ですから、親御さんや教育者の方は、子供が「正解」を求めていないかを注意深く観察してみてください。そして「正解」を求める傾向があるのであれば、それをきちんと指摘するのです。「正解を出す必要はないよ」「こちらの機嫌を取る必要はないから、もっと君の本当の気持ちを教えてよ」と言ってあげてください。

特徴3　親子仲が良い

「親子仲が良い」も、実は伸びる子を作る環境です。東大をはじめとする難関大学に合格した子の家庭を見ていると、親子の仲が良くて、家族の関係性がとても良好であることに驚かされます。小さい時から、親と子供が軽口を叩き合えるほどに仲が良くて、なんでも言い合える仲になっている場合が多いのです。私はそれを見て、「友達のような親子」なんて表現したりします。

もしかしたらみなさんの中には、「親は親として、毅然《きぜん》と振る舞った方がいいんじゃないか」「親が子供をしっかりと導けるように、子供に舐められないような態度の方が理想的なのではないか」と考える人もいるかもしれませんが、そんなことはないと思います。特に、核家族化が進んで、家族の構成員の数が減っている現代であれば特に、親子仲が良いか悪いかはその子の学力に直結することがあります。

信じられないかもしれませんが、**親の機嫌と子供の成績には、一定の相関関係があ**

る場合があります。これは、長年の経験から私が確信していることです。

ここで言いたいのは、成績が伸び悩んでいる家庭の親を観察すると、子供よりもむしろ親の方が問題を抱えているケースが多い、ということです。親が仕事や家族関係で問題を抱えていて思い悩む時間が長く、機嫌が悪いと、子供にもそのフィードバックがあり、子供の成績も伸び悩むのです。過去、私が介入して家族関係が良好になったり、親の抱える問題が解消されたりして、親の機嫌が良い状態が続くと、子供の成績が上がったケースもあります。

その理由を、私も100%理解しているわけではありません。ですが私なりの仮説をお話しすると、「精神的にオープンな状態の方が成績は伸びやすいので、親の機嫌が良いと、子供もその精神状態に引っ張られて、オープンマインドで素直に人の話を聞けるようになるのではないか」と考えています。第1章でもお話しした通り、わからないことを素直にわからないと言ってくれたり、自己分析を素直に受け入れたりできる子の方が成績が伸びやすいのですが、このことが示しているのは、精神的にオープンで、他人からの指摘をしっかりと受け入れられる「精神的な余裕」が勉強には必要だ、という事実に他なりません。逆に言えば、心を閉ざしてしまっている状態の子供は伸び悩んでしまいます。

ですから、親子仲が良く、家庭環境に精神的な余裕がある家庭の方が、うまくいく場合が多いわけですね。

先ほどお話しした「答えを教えない」というポイントとも、親子仲の良さはリンクします。親が答えを教えてくれる存在であり続けてしまっていると、子供は親に対して「答え」を求めてしまい、自分で考えたり、判断したりすることが少なくなってしまいます。同じように上から目線で子供に接する親は、子供から怖がられて、子供が無意識に「親の答え」を探すようになってしまいます。そうすると、子供はどんどん親の言いなりになっていき、自分で思考する力が奪われていってしまいます。

この問題は、特に子供が親に進路相談をする際に顕著です。次のシーンをご覧ください。

あの東大？
そんな……
なんでウチの子が……
東大に？

本当なんですか？ 私 息子から何も聞いてません
天野くんには口止めしています
東大受験のことは家では話すな親には黙っているようにと
そんな……受験先を親に知らせないなんてどういうことですか
とにかく今すぐ晃一郎に会わせて下さい
晃一郎に直接聞いてみます

何を聞くんですか？
ですから……どうして東大を受けるのか
聞かれても天野くんは答えられませんよ
なぜなら天野くんには東大を受ける理由がないからです
え……
理由がない？
はい……
しかしこれは天野くんだけではありません

日本の高校生に受験先を決める明確な理由はないんです
みんな「なんとなく」「雰囲気」で決めているんです
なんとなく……
それでいいんですか
お母さんたちには理由がありましたか？
あっ……
でも東大ってなんとなく決めるところじゃないと思いますけど
なぜですか？

だって……日本で一番難しい大学ですから勉強が大変だと思いますし……
それは全くの思い込みです
東大に合格するための勉強をきっちりと一年間やりこなす
これで十分に合格できます
なっ
ご存じですよね
龍山《りゅうざん》高校東大合格者第一号水野直美《みずのなおみ》です
え……ええ

ああっ！
学校案内の
パンフレットに
載《の》ってたあの……
龍山から東大へ
どっかで
見たことあると
思ってたんですよ
そうでしたか
私が東大専科の
担任を務め
早瀬さん 天野くんの
受験指導を行います
だとしても……
私は納得
できません
やはり
本人の口から直接
聞いた上でないと
お母さんが
拘《こだわ》っているポイントは
「相談されてない」
「勝手に決められた」
ということですね
しかし
私が親に話すなと
命じた理由は
そこです

なぜなら十代の子供が親に相談すると
ほぼすべて結論は「否定」で終わってしまうからです
否定って……そんなこと
子供は受験に理由なんてありませんから理由を聞かれても口ごもってしまう
すると親は理由がないことにイラ立ちますましてや東大なんて妄想としか思えません
すると現実論を並べ目を覚ますようにと畳みかけます
最後は説教口調になり……

「もっと
ちゃんと考えて」
そう言って
打ち切って
しまうのです
でもそれは……
子供を心配すれば
こそで……
心配……

『ドラゴン桜2』5巻　35限目

「10代の子供が親に相談すると、ほぼすべて結論は『否定』で終わってしまう」

これは、塾で働いていて痛感することです。ほとんどの家庭ではそうではないでしょうか。

例えば、子供が親に、「ねえ、〇〇大学を志望したいんだけど」と相談したとします。親としては子供の将来を心配して、「本当にそこでいいの?」「合格できるかどうかはどれくらいの確率なの?」「その大学に行って、将来はどういう道に進もうと思っているの?」と聞きたいでしょう。

しかしその時、子供にはその質問のすべてが、「否定」に聞こえてしまうのです。親としてはただ質問しているつもりでも、子供としては「その進路じゃダメなんじゃないの?」と言われているように聞こえてしまうわけです。こうなると、相談しにくくなりますよね。

これは笑い話ですが、私たちの生徒はよく「この進路に行くことを親から反対されています」と相談に来ます。そこで「本当? じゃあ親御さんに聞いてみるね」と親御さんに話をすると、こんな答えが返ってくるのです——「そんなことはないですよ、反対するわけがないじゃないですか。でも、子供に『どうしてその進路に行きたいの?』と聞いて、よくわからなかったから『もう少し考えたら?』とは言いました」。

親としては反対しているつもりがないのに、子供には反対しているように聞こえてしまうのです。

ではどうすればいいのか。やはり親子仲を良くすることが一番だと思います。何気ない日常会話の中で、親に対して「僕、この大学に行こうと思っているんだよね」と軽く相談できるような環境になっているかどうか。「軽く相談したとしても、反対はされないだろう」と子供が感じられるくらいに、親子の仲が良好であるかどうか。これが、子供が進路を話しやすく、相談しやすくなる要因なのだと思います。

親として心がけたいのは、とにかく肯定してあげることです。神妙な顔で相談を受けたら、とりあえず一言、「よく考えたんだね」と言う。その上で、「どうすればその道に行けるのか」「その道に進むと仮定した上で、どうすればいいのか」とその先を一緒に考えてあげましょう。親には無謀だったり、少し反対した方がよさそうに見えることでも、一度肯定した上で、どうすればその進路に進めるのかを一緒に考えてあげましょう。

その過程で、もしその進路が難しい理由があるのであれば、その難しさに本人自身が気づけるように仄《ほの》めかしてあげることが大事です。決して親の方から子供に「その道は無理なんじゃない？」とは言わず、子供が「ああ、これだと難しいから、こっちにした方がいいのか」と自分で納得できるように気づきを与えるのです。

一番重要なのは、「親ではなく、子供自身の人生だ」ということです。究極的に言ってしまえば、親と子供は違う存在なので、その子の進路はその子自身が責任を取るべきです。子供の進路選択に親が口出しし過ぎると、子供が親の言う進路を進んで嫌な思いをしてしまった時に、「お母さんがそうしろって言ったんじゃないか！」などと親のせいにできてしまいます。

正直、私はこういう家庭を多く見てきています。子供が親の言う通りに従った結果、後になって「私はこんなことしたくなかった」「私の人生がこうなったのはお母さんのせいだ！」ということに、将来的になってしまいかねません。

これは暴論かもしれませんが、ある種、親は子供の育て方について無責任でいいのではないかとさえ思います。誰かに責任を押し付けることができる状態だと、人間は頑張りきれませんし、成長できません。子供の人生は、子供が責任を取るべきです。そして、自分のせいにしかできない状態こそが、人を成長させます。「親が子供を導かなければならない」なんて肩肘を張らずに、子供と友達同士のような感覚で話をすることも重要なのではないでしょうか。

特徴4　叱る時、子供自身に気づかせる親

「叱り方」も注意すべきポイントです。子供を叱る親御さんを見ていると、さまざまなことがわかります。

私は親御さんの叱り方を見て、「その理由で怒るんだ」「そういう風に怒るんだな」などと観察をするのが趣味です。

叱り方の観察をしていると、親御さんの何人かはこちらに気づいて、「先生、こういう理由で怒らない方がよかったですかね？」と聞いてくることもあります。そのたびに私は、「いえいえ、そんなことはないですよ。家庭のルールは独自でいいと思いますよ」と返します。お箸の持ち方を矯正するために「そんなお箸の持ち方をやめなさい」と怒ることがあってもいいと思いますし、「世間に出てからお箸の持ち方なんかで怒る人とは付き合わなくていい」と考えて怒らない家庭があってもいいと思います。

しかし、ひとつだけ言えることがあるとすれば、**「叱り方に一貫性があるか」は重要**

だということです。

子供の指導方法に正解はありません。でも、指導には、「理由」があった方がいいと私は思っています。「なぜ今怒っているのか」が子供に伝わっているかどうかが大事なのです。子供への接し方に一貫性がある家庭の子は、やはり伸びやすいです。逆に、**怒るポイントに一貫性がない家庭の子は、怒られた理由を反省する機会がどんどん減ってしまって、学校や塾の指導もぼんやりと聞くようになってしまう**のです。「ああ、今怒られたのは、単純にお母さんの機嫌が悪いからだな」と思ってしまう環境だと、聞き流す癖がついてしまいますよね。

何か指摘する時には「なんで怒っているのか」という理由をセットにして、さらにその方針に一貫性がある家庭は、長い目で見れば必ず結果が出てきます。

「他人に迷惑をかけるな」という指導をする家庭では、その「迷惑」の基準に一貫性があるかが重要です。「こういうことをしたら、『迷惑』なんだな」と、子供が自分自身で気づけるようになると、「じゃあこれはやってはいけないな」「ここまではやっていいだろう」ということが明確になります。

逆に、子供から「迷惑って、どうなったら迷惑なの？」と聞かれた時に、「相手が迷惑だと思っているかどうかだよ」と明確な基準を親が答えられるのか、それともその時の雰囲気によって回答が変わってしまうのかによって、子供の学びは変わってきます。

第2章の最初にお話しした「理由とセットにして指導する」と同じで、**何かを話す時に、一貫性のある理由を示し、子供自身が学べるようにしている家庭は、子供が勝手に学んでいける**わけです。

昔、「理由がないと納得できない」子を教えたことがあります。なんでもかんでも、自分の進路に関しても、勉強に関しても、理由がないと納得できない子でした。どうしてその子がそこまで理由にこだわるのか気になっていたのですが、ある時、その子の親御さんもまさにそういうタイプだということがわかりました。すべての行動に、「理由」をしっかり考える習慣がある人で、それが子供にも伝わっていたのです。

その子は高校生の時に1年留学することになったのですが、留学に関してもしっかり理由づけをして行動していました。「こういう理由で、1年間留学に行く」と家族でしっかり議論したからこそ、留学で非常に成長することができたそうです。

その子の成績は非常に良く、いろいろな進路の選択肢があったのですが、最終的にはモスクワ大学に行くことになりました。きっと、「こういう理由でこの大学に行きたい」という思いが大学側に伝わったのだと思います。

子供への接し方に、正解はありません。その子とその親なりの考え方があるだけです。しかし最近は、自信を持てていない親が多い印象があります。私はよく親御さんと面談をしますが、最近は「先生、私の態度って、間違っていますかね？」と聞いてくる親が増えた印象があります。核家族化が進み、一人っ子が多いので「お兄ちゃんがこうだったから弟もこうだろう」と考えることができず、親のコミュニティも少ないから、迷う親が増えているのだと思います。

そんな時には、「どんな指導でもいいから、一貫性を持ってください」と言います。

正解はないけれど、ブレるのが一番良くないのです。加えてもうひとつ言えば、もし親の中でブレてしまった時には、子供に「ごめん、ブレてた」と素直に表明するべきです。親としてのプライドがあって言えない場合も多いかもしれませんが、子供に自分のミスを素直に表明できる家庭の子は、素直で吸収力のある子に育っていくと思います。

特徴5　置き換えて話す親

「子供への接し方に正解はない」とはお話ししましたが、「上手な叱り方や指導の仕方」のコツはあります。それは、「上手な置き換え」です。

子供にストレートに話してもうまく伝わらない場合に、「置き換え」という手法が使えます。アインシュタインは子供に相対性理論を説明する時に「例えば、君が好きな子と話す時間はたとえ1時間でも一瞬のことだと感じられるだろう？　それが相対性理論だよ」と説明したと言われていますが、まさにこのように、**相手がわかりやすい例に置き換えて話すのが、何かを伝える最善の手段**なのです。

ここで、この原稿を執筆する前日にあった出来事を紹介させてください。

私たちの塾の仲間が、約束を守らなかった生徒に対して指導をしました。

その生徒は、自習室で騒いでいて他の生徒の迷惑になっており、同じことで過去2回、指導をされていました。それに対して生徒は、「先生はキレキャラ?」と返していました。

いやあ、生意気ですね（笑）。

それで私のところに「指導してほしい」という話が来ました。その生徒は自習室で騒ぐのを悪いことと思っておらず、むしろ会話を盛り上げたくらいの認識でいるそうです。私は、「さて、どのように指導しようか？」と考え、こんな風に指導をしました。

彼を呼び出し、まず彼の成績を見せます。そして「君は陸上をしながら入試を目指しているよね。で、陸上はいつまで続けるつもりなの？」と聞きました。

すると、「大会までは頑張りたい」と返ってきたので、わざと「過去にも君と同じような成績で、君と同じように『大会までは頑張るつもりだ』って答えた子がいたんだけど、うまくいかなかったから、君みたいなキャラの子には無理だよ。諦《あきら》めな」と言ったのです。

すると彼はムカついた様子で、「そんなのやってみなきゃわからないじゃん。過去の話から決めつけないでよ」と反論してきました。自分は内心「しめた！」と思いつつ、それをおくびにも出さずに、「そうだよな。誰だって勝手にキャラを決めつけられたらムカつくよな。君だってムカつくし、〇〇先生だって同じだと思うよ」と言いました。

このようにして、その先生の状態と、今の自分とを置き換えさせるのです。

普段から**「置き換え」で説明してもらえる子は、ものごとをスムーズに理解できる**

ので、他の人と比べて学びのスピードが速いです。

例えば、他の子のことを殴ってしまった生徒に対しては、頭ごなしに叱るよりも、「同じくらいの威力で僕のことぶってみる？」と声をかけるのです。そうすると大抵の場合、生徒は先生を殴ることをためらいます。その時に「君はやってはいけないことをしたんだよ」と言うと、ただ「ダメだよ」と言うよりも、より深い気づきにつながります。

字が丁寧に書けない生徒に対しても同じです。何度「字が汚いから直しなさい」と言っても、なぜ字が汚いといけないのかわかっていないと、直らない場合が多いんですよね。ですので、立場を替えて、下の学年の去年の答案用紙を採点させます。その中で、「答案が読みにくくて採点しづらい！」なんて文句を言わせてしまえば、あとはもう何も言わなくても、生徒の方から変わっていきます。

特徴6　子供に合格してほしいと思わない親

本章の最後で言いたいのは、**子供に合格してほしいと思わない方が合格を勝ち取りやすい**ということです。

「どういうこと?」と思うかもしれませんね。親が子供の合格を願わない、なんて多くの人にとっては違和感があると思います。でも事実として、親が合格を願わない家庭の方が、子供の合格率が上がるのです。

これについては、桜木先生が熱く語ってくれています。こちらをご覧ください。

センターまで残り39日
東大2次まで残り74日
いよいよ受験が近づき家庭全体が緊張感に包まれる
そこで家族はどう受験生に接すればいいのか…
それをお教えする前に一つ質問します

お二人とも
勇《ゆう》介《すけ》君に……
東大合格してほしいですか?
ウマ…
何を訊くかと思えば…
そんなこと…当然じゃないですか
親なら誰でも願ってますよ
子どもに受験で成功してほしいって…

それは違いますね
違う？
子どもを東大に合格させる親は・・・
決して「合格してほしい」とは思ってません

子どもに合格してほしいと思ってないって…
そんなのウソでしょう?
ウソではありません本気でそう思ってないのです
そんなバカな子どもの成功を祈らない親がいるもんですか…
では…子どもを東大に合格させる親はさっきの質問にどう答えるのか?

それは…
「どっちでもいい」…です
どっちでもいい？
はい…
「受かっても落ちてもどっちでもいい」です

子どもに対して無関心で冷たい親のように見えるかもしれませんが…
そうではありません子どものためを考えてこそ「どっちでもいい」のです
そんな…どっちでもいいなんて親として無責任よ
そんな話は信じられませんわ
まあ待ちなさい
では…なぜどっちでもいいと思うことが子どものためだと?

それは…合格か不合格かという結果だけにこだわって子どもを見てないから…
結果だけ？
そうです…合格してほしいとただ思うのはもはや結果にしか関心がない証拠
本心では「受験が早く終わってほしい」…
「この緊張感から早く解放されたい」…
「子どもの心配をしなくていい生活に一日も早く戻りたい」…そう考えている

本当は子どものことなんてどうでもよくなってる…
自分のことしか考えていないのです
それが今のお二人の正直な気持ちではありませんか?
え…ええそうかもしれません
結果だけを求めるというのはいわば…

親が子どもに
おんぶされている状態
険しい道を歩いてる
子どもの背中に
親が伸《の》しかかって
「合格という門まで
早く連れてってくれ」と
わがままを言ってる
だけに過ぎません

確かに子どもの成功を願うのは子どもを愛している親なら当然ですが…
「絶対成功しなければこの子は駄目になる」と思うのは良くありません
そうなんですか…
はやる気持ちを押し殺して結果を求めず
努力していること頑張っていること…それだけに目を向けるのです
なぜなら…結果を求めないのは親にしかできないから…
親にしか…

親以外の大人の世界…すなわち社会というのは何だかんだいって結果しか見ません
「努力や過程が大事だ」と言葉では簡単に励ましますがやはり社会の最終的な評価はその子どもが出した結果に対してのみ…他人からすれば途中の頑張りまでいちいち見てられないのです

そんな世の中で
親以外に誰が
子どもの努力を
認めてあげられるでしょう
せめて親だけは
「結果はどうでもいい
その努力が尊いんだ」と
思ってあげる…
「子どもの頑張りは
決して無駄にならない
将来必ず何らかの形で
実を結ぶはずだ…」と
固く信じることが大事です

親が本気でそう思っていることが伝われば子どもも親を信頼します
その結果落ちることへの恐怖心がなくなり受験に前向きになる
もちろん親も腹が据《す》わり覚悟が決まります
受かっても落ちてもどっちでもいい…
全員の気持ちがそう一致すれば家庭の空気が安定し落ち着きます
家の中が落ち着いてさえいればだいたいハッピー
他の大概《たいがい》のこともうまくいきます

『ドラゴン桜』17巻　153限目

親が、合格できるのかどうかが気になって「お前、大丈夫なのか？　合格できるのか？」と聞くとします。子供の模試の成績を見て、「これで合格できるの？」と言いたくなることはありますよね。でも、そんなことは子供だってわかっています。親よりも子供の方が100倍気になっているのです。気になっているけれど、それに対して答えがなく、苦しんでいるんです。だから子供の本音は、「そんなこと言われても、そんなの自分の方が気になっているよ」という感じだと思います。

結果を出す子供の親は、結果ではなく「過程」を褒めてあげます。

「よくここまで頑張ったね」とか「結果はなるようにしかならないけれど、今までの頑張りは無駄にはならないよ」とか、受験期にそういう言葉を言ってもらえる方が何百倍も力になります。

とある東大生の話をしましょう。その子の親は受験のシーズンになると、近くのお寺にお参りに行っていました。そこで神様に願いごとをするのですが、「自分の子供が合格できますように」とは願わないのだそうです。「合格不合格は、子供の責任です。でも、自分の子供が、安全無事に、試験会場までたどりつけますように」と祈っていたんだそうです。

もしかしたら雪で試験会場までの電車が止まるかもしれない。風邪を引いて目が覚めたら追試が終わってしまっているかもしれない。そんなことがあったら、挑むまでもなく失敗ですし、本当に大きな心残りになってしまいますよね。いろんな危険がある中で、試験会場まで無事にたどりつけるというのは、よく考えたらとても幸せなことです。そういう親がいたからか、その子は東大に合格することができました。

また、合格発表の日ではなく試験終了の日にご馳走を作る、という話を聞いたこともあります。「結果はどうなるかわからないけれど、とにかくよく頑張ったね」と、試験終了のタイミングでお祝いをする、という配慮ですね。

このように、過程を褒めてあげる家庭だと、大抵の物事はうまくいきます。

受験は合格と不合格しかない勝ち負けがはっきり出る勝負です。でも、合格するという結果だけが重要なのではなくて、その過程で子供が成長することこそが重要なのです。

桜木先生は、日曜劇場『ドラゴン桜』の最終回・第10話でこんなことを言っています。

「いいかお前ら、人生で一番大事なのは東大に行くことでも、勝つことでも、結果を出すことでもない。お前らが目標に向かって過ごした一分一秒、自分の人生を変えようとがむしゃらに努力したその道のり、熱意、そして仲間への想い、それこそ

に価値がある」

この言葉の通り、重要なのは、努力それ自体だと思います。頑張って戦って、勝ったり負けたり、泣いたり笑ったりする。その過程にこそ意味があるのです。親がそれをしっかりと理解して、子供の頑張りを認めることができれば、子供たちは必ずその気持ちに応えてくれるものです。

第3章

東大合格家庭の10カ条

『ドラゴン桜』の作中には、「受験生の親に守ってほしい10個のこと」が書かれています。

これは実は、多くの東大生たちへの取材から見えてきた、「親にしてもらって嬉しかったこと」、また逆に「されて辛かったこと」を10個にまとめたものになります。ですので、ここに書かれたエッセンスは、多くのご家庭にも通じる内容になっています。

この章では、『ドラゴン桜』の「東大合格必勝法　家庭の10カ条」と、ここまで紹介してきた「私の指導経験に基づく東大生の家庭の特徴」を踏まえつつ、「親と子はどう接するべきなのか」について考えていきたいと思います。

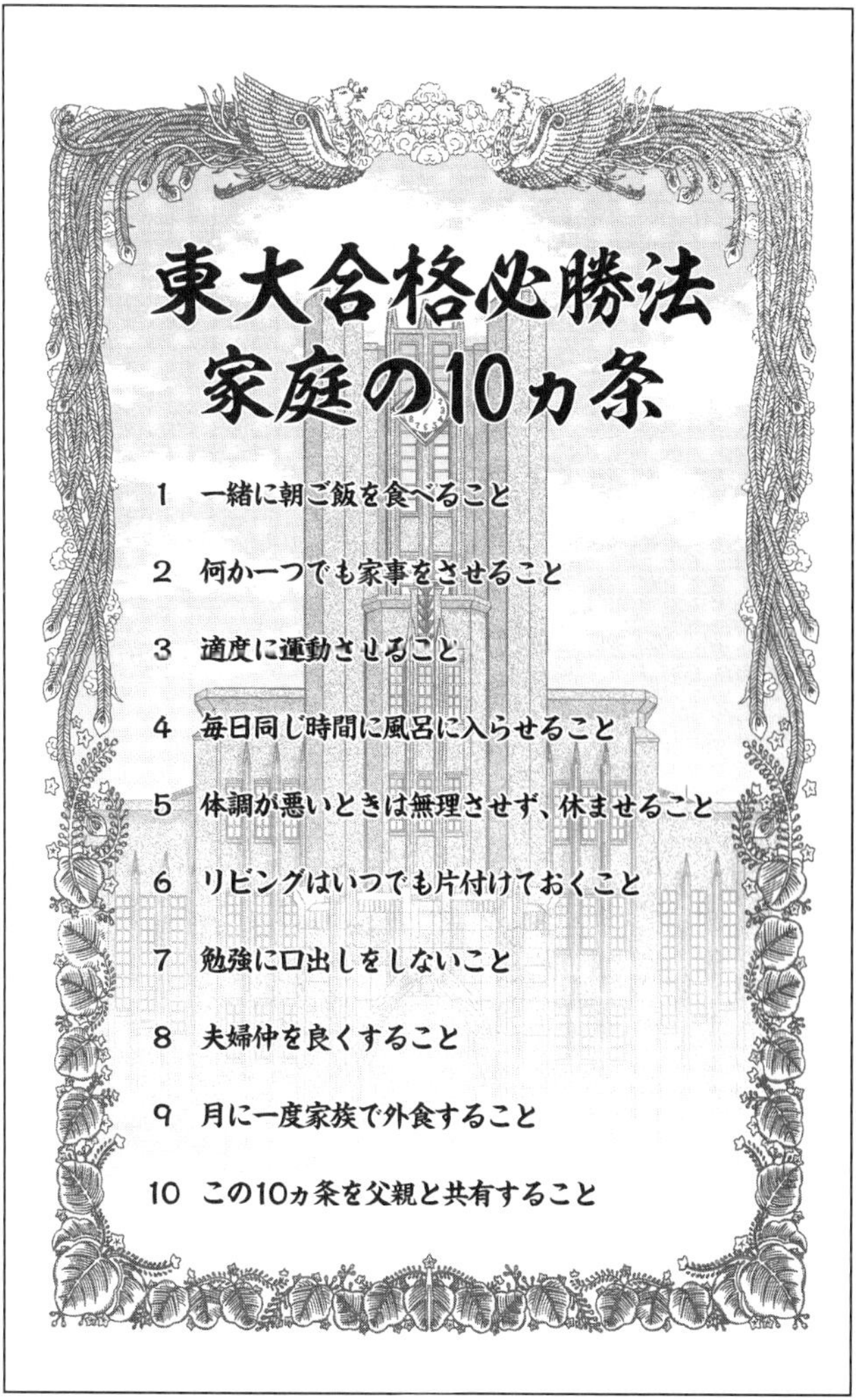
東大合格必勝法
家庭の10ヵ条
1　一緒に朝ご飯を食べること
2　何か一つでも家事をさせること
3　適度に運動させること
4　毎日同じ時間に風呂に入らせること
5　体調が悪いときは無理させず、休ませること
6　リビングはいつでも片付けておくこと
7　勉強に口出しをしないこと
8　夫婦仲を良くすること
9　月に一度家族で外食すること
10　この10ヵ条を父親と共有すること

『ドラゴン桜2』5巻　37限目

1　一緒に朝ご飯を食べること

「東大合格必勝法　家庭の10カ条」の1つ目は、「一緒に朝ご飯を食べること」です。

これは、コミュニケーションの場を作るということですね。親子のコミュニケーションの大事さは第2章でもお話ししましたが、親子がテレビのニュースなどを見て「なんでこんなことが起こったんだろうね」「どうしてこういうニュースが流れるんだろう」と、いろんな意見を言い合う時間がある家庭は、学力が伸びやすいです。一緒にご飯を食べる時間はそういう議論の場にぴったりだと思います。

2　何か一つでも家事をさせること

2つ目は「ひとつでいいから家事をさせる」です。

このように、受験生だからと言って「特別扱い」をしない方が伸びる場合が多いです。受験の時期になると、ついつい親は子供を特別扱いして、「勉強以外のことをやらなくていいよ」「部屋の掃除は私がやっておくから」と家事をさせなくなります。しかしそれが、逆にプレッシャーになってしまうのです。第2章でもお話ししたように、合格を願うことが、相手に「これだけ特別にしているんだから、必ず合格するのよ」という無言のプレッシャーになってしまうこともあります。ですからむしろ普段通り家事をしてもらって、特別扱いしない方がいいわけですね。

3 適度に運動させること

3つ目は、「運動させること」です。

本書ではあまり説明しませんでしたが、身体を動かす習慣がある子は、学力が伸びやすいです。身体が凝り固まった状態だと、第1章でお話しした「オープンな心」「素直さ」が減退してしまうのです。ですから、適度に運動をしてもらうことが重要だといえます。

4 毎日同じ時間に風呂に入らせること

4つ目は、「お風呂に決まった時間に入れること」です。

勉強をする上で重要なのは「メリハリがあること」です。これは第1章でみなさんにお話ししましたよね。勉強している時間に軽く遊んでしまったり、逆にテレビを見ながらだらだら勉強していたり、そういう生活ばかりをしていると、時間の使い方が下手になってしまいます。

「この時間からここまでは勉強をするぞ」という時間設定を設けて、「その時間で終わらせよう」というモチベーションを作った方が学力のアップが望めます。お風呂の時間を固定すると、「お風呂まで勉強しよう」というように時間の整理ができてきます。メリハリのついた生活の第一歩が「決まった時間のお風呂」ですね。

5 体調が悪いときは無理させず、休ませること

無理せず休養を取るのも大事なポイントです。

受験は短距離走ではありません。「どれだけ速く行けるのか」のではなく、「どれだけ遠くに行けるのか」を競います。ですから、継続して勉強できるようになることが大事です。

無理はさせないようにして、「大丈夫?」と声をかけることが重要です。

6 リビングはいつでも片付けておくこと

リビングをきれいにしておくのも、実は重要なポイントです

成績が高い子は、リビングで勉強していることも多いです。親や兄弟が何か違うことをしている中で勉強していたりします。リビングにいると人の目があるので、サボることなく勉強をすることができます。そのリビングがきれいな状態であるのかどうかはとても大事なわけですね。

7 勉強に口出しをしないこと

勉強に口出ししないこと、これはとても難しいと思います。勉強している自分の子に対して、「お前本当に受かるのか」と聞きたくなるのが親心です。「こういう風に勉強した方がいいのではないか」「今のままでは受からないのではないか」などと考えてしまう気持ちがあるのは当然のことだと思います。でも、第2章でもお話しした通り、それはプレッシャーになってしまいます。

また、もうひとつ言えることは、結局、子供は親が勉強について口出ししても聞かないんですよね。どんなに正しいアドバイスだったとしても、「うるさいな」と反発して、なかなか聞き入れられない場合が多いです。

また、こんな話もあります。とある東大生の親御さんは、高校3年間自分の子供が勉強しているところを見たことがないと語っていました。その子は自習室を使ったりして「家の外で」勉強をしていて、家では全く勉強しなかったのだとか。それで東大に合格したのだからすごいですが、親からしたら不安になっても仕方がなかったと思います。

そういう受験生もいるくらいで、親が見ていないところで子供がどう振る舞っているのかはわからないわけです。だから、子供を信じてみることも必要なのではないでしょうか。

8　夫婦仲を良くすること

9　月に一度家族で外食すること

10　この10カ条を父親と共有すること

これらは家族仲良くすることが合格にもつながる、ということを語っています。家という空間はしっかりと精神的に安心安全な場所にしておきたいものです。

第2章でもお話ししましたが、家族仲が良いと、学力も伸びやすいです。夫婦仲を良くして、家庭を心休まる場所にしておきましょう。「家庭」というのは、みんなで作るものです。一人で作れるものではありません。母親と父親、できれば兄弟も祖父母も含めて、家族です。

私も、親としての理想の接し方をお母さんにお伝えして、実行してくれるようになったけれど、お父さんがわかってくださらなくて苦労した経験があります。

ここまでの話は、やはりご両親ともに納得していないといけないと思います。

星海社新書
28

ドラゴン桜《ざくら》で学《まな》ぶ　伸《の》びる子供《こども》の育《そだ》て方《かた》

二〇二四年 二 月一九日 第 一 刷発行

著　　者　川本雄介《かわもとゆうすけ》

発 行 者　太田克史《おおたかつし》
編集担当　片倉直弥《かたくらなおや》

発 行 所　株式会社星海社
〒一一二-〇〇一二
東京都文京区音羽一-一七-一四 音羽YKビル四階
電　話　〇三-六九〇二-一七三〇
FAX　〇三-六九〇二-一七三一
https://www.seikaisha.co.jp

発 売 元　株式会社講談社
〒一一二-八〇〇一
東京都文京区音羽二-一二-二一
（販 売）〇三-五三九五-五八一七
（業 務）〇三-五三九五-三六一五

印 刷 所　TOPPAN株式会社
製 本 所　株式会社国宝社

アートディレクター　吉岡秀典《よしおかひでのり》（セプテンバーカウボーイ）
デ ザ イ ナ ー　五十嵐《いがらし》ユミ
フォントディレクター　紺野慎一《こんのしんいち》
漫画・イラスト　©三田紀房《みたのりふさ》／コルク
校　　閲　鷗来堂《おうらいどう》

ISBN978-4-06-534814-7
Printed in Japan

285
SEIKAISHA SHINSHO

次世代による次世代のための

武器としての教養
星海社新書

星海社新書は、困難な時代にあっても前向きに自分の人生を切り開いていこうとする次世代の人間に向けて、ここに創刊いたします。本の力を思いきり信じて、みなさんと一緒に新しい時代の新しい価値観を創っていきたい。若い力で、世界を変えていきたいのです。

本には、その力があります。読者であるあなたが、そこから何かを読み取り、それを自らの血肉にすることができれば、一冊の本の存在によって、あなたの人生は一瞬にして変わってしまうでしょう。思考が変われば行動が変わり、行動が変われば生き方が変わります。著者をはじめ、本作りに関わる多くの人の想いがそのまま形となった、文化的遺伝子としての本には、大げさではなく、それだけの力が宿っていると思うのです。

沈下していく地盤の上で、他のみんなと一緒に身動きが取れないまま、大きな穴へと落ちていくのか？　それとも、重力に逆らって立ち上がり、前を向いて最前線で戦っていくことを選ぶのか？

星海社新書の目的は、戦うことを選んだ次世代の仲間たちに「武器としての教養」をくばることです。知的好奇心を満たすだけでなく、自らの力で未来を切り開いていくための〝武器〟としても使える知のかたちを、シリーズとしてまとめていきたいと思います。

2011年9月

星海社新書初代編集長　柿内芳文

SEIKAISHA SHINSHO